Os 4Cs nos negócios

CARO LEITOR,

Queremos saber sua opinião sobre nossos livros.
Após sua leitura, acesse nosso *site* (www.editoragente.com.br),
cadastre-se e contribua com sugestões, críticas ou elogios.

Boa leitura!

KEVAN HALL

Os 4Cs nos negócios

Maneiras rápidas e simples de administrar equipes e projetos nas organizações

TRADUÇÃO
Otto Alexandre Monteiro Altorfer

Gente editora

Diretor-Geral
Henrique José Branco Brazão Farinha
Gerente Editorial
Eduardo Viegas Meirelles Villela
Editor-Assistente
Cláudia Elissa Rondelli
Editor de Desenvolvimento de Texto
Juliana Nogueira Luiz
Editor de Produção Editorial
Rosângela de Araujo Pinheiro Barbosa
Preparação de Texto
Adriane Gozzo
Revisão
Ana Cortazzo
Produção Editorial
Ricardo Paz de Barros/Join Bureau
Capa e Projeto Gráfico
Neide Siqueira
Tradução
Otto Alexandre Monteiro Altorfer
Impressão
Paulus Gráfica

Título original: *Speed Lead: faster, simpler ways to manage people, projects, and teams in complex companies*

Primeira edição publicada por Nicholas Brealey Publishing, Londres e Boston, em 2007. Speed Lead™ é uma marca registrada.
Esta tradução está sendo publicada em acordo com Nicholas Brealey Publishing, Londres e Boston.

Rua Pedro Soares de Almeida, 114
São Paulo, SP – CEP 05029-030
Telefone: (11) 3670-2500
Site: http://www.editoragente.com.br
E-mail: gente@editoragente.com.br

Dados Internacionais de Catalogação na Publicação (CIP)
(Câmara Brasileira do Livro, SP, Brasil)

Hall, Kevan
Os 4 Cs nos negócios : maneiras rápidas e simples de administrar equipes e projetos nas organizações / Kevan Hall ; tradução Otto Alexandre Monteiro Altorfer – São Paulo : Editora Gente, 2009.

Título original: Speed Lead
Bibliografia.
ISBN 978-85-7312-638-9

1. Administração de empresas 2. Administração de pessoal 3. Liderança 4. Mudança organizacional I. Título.

09-04123 CDD-658.3

Índices para catálogo sistemático:

1. Gestão de pessoas : Administração de empresas 658.3

À minha família, em especial à minha esposa, Diane, que ajudou a transformar minhas ideias de jargão técnico em uma linguagem mais acessível, e aos meus filhos, Laura e Alan, que me viram mais que o habitual enquanto eu estava em casa escrevendo este livro – como eu disse a vocês, eu estava trabalhando.

Também a John Madejski, Steve Coppell e aos jogadores do Reading Football Club, que conseguiram ser escalados ao Premier League pela primeira vez em 135 anos, no fim de semana em que terminei de escrever este livro.

Agradecimentos

Muita gente contribuiu para o conteúdo deste livro, em particular meus principais colegas na Global Integration, Tony Poots, Phil Stockbridge, Janet Davis, Tim Mitchell, John Bland, Rod Farnan, T. H. Ong, Martin O'Connor e Dennis Moulton, e nossa equipe de apoio central liderada por Sharon Knight, Kevin Nyland e Caroline Blair.

Obrigado a vocês, nossos muitos clientes, e aos milhares de participantes dos nossos programas de treinamento, por todas as ideias e histórias e por nos desafiar constantemente a pôr em prática essas ideias e ferramentas.

Obrigado também a Nicholas Brealey, meu editor, e à sua equipe, por me ajudarem a entender as várias habilidades de que precisei para realizar a transição entre apenas falar sobre um assunto por doze anos e escrevê-lo de forma coerente. É mais difícil do que parece.

Sumário

PARTE 3 ▽

CONTROLE – UM DEDO NO PULSO, NÃO UM ESTRANGULAMENTO

PARTE 4 ▽

O CULTIVO COMUNITÁRIO QUE ATRAVESSA DISTÂNCIAS E DIFERENÇAS

Prefácio à edição brasileira

O sismo que abala o mundo está pondo à prova as empresas. A abrupta mudança nas condições globais levou os mercados, artificialmente aquecidos pela expansão global do crédito, a entrar em colapso, arrastando as empresas nessa queda.

Revelam-se deficiências organizacionais que a prosperidade muitas vezes deixava ocultas. Mas Kevan Hall, experiente e lúcido praticante da complicada ciência da gestão empresarial, já as percebera.

Este livro de Kevan Hall, é assim, ainda mais oportuno. Os longos anos de expansão, com grandes oportunidades e desafios mas também de ganhos espetaculares, transformaram as companhias em entidades lentas, pesadas, burocráticas. Kevan Hall expõe neste livro os meios de alcançar uma gestão mais rápida e mais simples nas companhias, tornando-as mais aptas para a aguerrida competição da qual pode depender sua sobrevivência e sua capacidade de aproveitar a onda da recuperação quando esta acontecer.

Este livro, não obstante os seus aspectos da maior abrangência da vida das empresas, é prático e acessível. É didático mas não se reduz a apostilas nem sempre aplicáveis em condições realmente vividas.

Kevan Hall parte da inegável constatação de que as companhias, quando crescem, tornam-se mais complexas, construindo estruturas e organizações complicadas, o que pode fazê-las mais lentas, mais caras e menos satisfatórias para quem nelas trabalha. É uma realidade universal, também observável nas empresas brasileiras que, ao aproveitarem a conjuntura internacional favorável e a rápida expansão do mercado doméstico, num primeiro momento movimentaram-se para conquistar espaço com o crescimento nem sempre ordenado e claro das suas estruturas. E isso não aconteceu apenas nas empresas de grande porte, mas nas suas devidas proporções, também nas empresas de menor envergadura.

O diagnóstico de Kevan Hall é descomplicado e pode ser claramente percebido no amplo espectro do mundo das empresas. Resumidamente, os sintomas podem ser detectados: a atividade torna-se mais lenta, dificultando tomar decisões e fazer as coisas acontecerem; as pessoas na organização perdem mais tempo e recursos resolvendo questões internas do que com os clientes e os competidores; a empresa torna-se atrapalhada e num lugar menos satisfatório para trabalhar.

Esses sinais não lhe soam de modo familiar? Kevan Hall trata precisamente de ideias e meios práticos de evitar as consequências negativas desse processo mal equacionado do crescimento.

O livro está organizado em temas que o autor chama de os 4 Cs: cooperação, comunicação, controle e comunidade, o que torna a obra mais interessante quando trata das formas de atacar os problemas e indicar suas soluções.

Os temas, que poderiam se tornar áridos, são tratados de forma bem-humorada. Por exemplo, a comparação da organização com excesso de conexões e interdependência a um novelo. Nesse caso, é oferecida uma planilha que permite a comparação entre equipes-novelo e grupos-estrela, estes como opção eficaz para desenrolar a organização.

Especialmente interessante é quando trata do que qualifica de "muitas coisas que eu simplesmente não preciso saber". É a síndrome do excesso de informações com a emissão indiscriminada de relatórios que a crescente potência dos computadores permite realizar. É o que eu costumo chamar na minha prática empresarial de "poluição da informação"

Kevan Hall ensina um plano de cinco passos para dizer não às mensagens de que você não precisa. Também indica como escolher a tecnologia correta para cada tarefa.

O tema do controle é desenvolvido a partir do mote "um dedo no pulso e não um aperto na jugular". Esse é um dos dilemas dos que têm a responsabilidade de dirigir as empresas e responder pelos desacertos que podem assumir extrema gravidade, como alguns exemplos recentes revelaram. Como exercer o controle sem asfixiar as atividades é uma questão atual. Propõe-se descolar o controle do centro da organização, estabelecendo capacidade local que permita que o trabalho seja realizado mais rapidamente. Kevan Hall recomenda menos regras, mais responsabilidade e mais perguntas do que respostas. É interessante a sua observação de que a ideia do controle centralizado originou-se dos conceitos da organização militar, com sua estrutura de "cadeia de comando" baseada na hierarquia rígida e na disciplina. Não deixa de ser uma alusão crítica aos que estudam livros que ensinam como conduzir a "guerra" das empresas.

Sobre comunidade, que se refere mais às relações internas, o livro ressalta que as companhias que possuem cultura forte e compartilhada têm vantagem na rapidez, evitando o que chama de "deslealdade constante". A criação de um elevado grau de confiança entre as pessoas reduz as barreiras e os custos de transação, acelera a cooperação e produz um ambiente que atrai gente boa.

Este livro de Kevan Hall contém planilhas que permitem comparações que possam levar a recomendações claras e práticas. Mas não é um manual com regras a serem aprendidas e praticadas, mas chaves a serem usadas conforme as fechaduras disponíveis para abrir novas portas de eficiência e resultados. E isso sem nunca esquecer a necessidade de engajar as pessoas.

O epílogo de Kevan Hall é desafiador: se tudo parece estar sob controle, você não está caminhando com suficiente rapidez.

Boris Tabacof
Membro do Conselho de
Administração do Grupo Suzano.

Apresentação à edição brasileira

As tradicionais habilidades de gestão – que se tornaram excelentes e bem-sucedidas ferramentas administrativas utilizadas durante todo o decorrer da Era Industrial – chegaram ao limite da exaustão. Elas simplesmente não acompanharam as rápidas e profundas mudanças e transformações e mostram-se não apenas insuficientes para as demandas dos negócios em uma nova era de complexidade crescente como estão constituindo fatores internos de retardamento, insatisfação e disfuncionalidade. Em um mundo de negócios carregado de turbulências e incertezas e de forte competitividade, as tradicionais habilidades de gestão ainda se baseiam em velhos paradigmas organizacionais, como o caráter burocrático da organização, a estrutura organizacional tradicional do tipo funcional e a forte divisão e fragmentação do trabalho organizacional. E ainda reforçam o caráter conservador das empresas e provocam os velhos paradigmas culturais, como a autocracia e a desconfiança, o conformismo e o individualismo, que, por sua vez, reforçam a resistência à mudança. Paradoxalmente, o mundo dos negócios nunca mudou tanto como agora.

Além disso, tradicionalmente as empresas têm se dedicado em particular ao mercado e ao produto no afã de obter retornos financeiros. Esse triunvirato central – mercado, produto, lucro – tem se mantido ao longo dos tempos, e as principais decisões empresariais quase sempre giram ao redor desses três temas básicos para definir a estratégia a ser adotada. Mas a estratégia fica apenas no papel e não é executada. Acontece que o mundo dos negócios apresenta aspectos mutáveis e inesperados, e essa equação tradicional precisa incluir necessariamente mais um termo indispensável para que possa funcionar de modo adequado. São as pessoas e equipes que compõem a organização empresarial – os talentos que geram e desenvolvem as competências organizacionais – que estão hoje em dia na dianteira para a solução dos problemas atuais das empresas. Indiscutivelmente, as empresas ainda não aprenderam – apesar de todas as lições ensinadas – a lidar eficazmente com as pessoas e equipes que compõem os seus quadros. Ao falar dos 4 Cs – cooperação, comunicação, controle e comunidade – estamos direta ou indiretamente falando de pessoas e de equipes. E em um mundo novo que traz problemas novos as soluções para lidar com pessoas e equipes não podem ser antigas ou tradicionais, velhas ou obsoletas. Há que se inovar também neste aspecto. Aliás, a inovação maior que devemos perseguir está exatamente na gestão de pessoas e de equipes. É a partir daí que podemos alcançar imaginação e criatividade, que provocam a inovação nos modelos de negócios, nos produtos ou serviços, nos processos organizacionais, na solução de problemas ou na redução de custos, no atendimento ao cliente, na abordagem do mercado. Enfim, na própria mentalidade que reina na empresa.

Recebo com alegria esta tradução dos 4 Cs: cooperação, comunicação, controle e comunidade. Estes são os componentes básicos e fundamentais que a liderança empresarial precisa ter em mente na condução de seus negócios.

IDALBERTO CHIAVENATO
Professor e renomado autor de livros de administração

Introdução

Conheço algumas pessoas incríveis em meu trabalho: inteligentes, perspicazes e motivadas. Elas estão entre as pessoas mais bem-educadas, treinadas e determinadas da história. São mais ecléticas que nunca e trabalham com o auxílio de tecnologias espetaculares. Embora trabalhem para empresas de classe mundial, sentem-se frustradas, pois ao crescer essas empresas se tornaram mais complexas: mais vagarosas, mais difíceis, de gestão mais cara e ambiente menos satisfatório. Este livro mostra como simplificar a maneira de trabalhar em equipe dentro de empresas complexas, aumentando a velocidade, tornando-as mais fáceis e baratas de operar e proporcionando um ambiente mais satisfatório para trabalhar – velocidade, facilidade e satisfação.

Pessoas talentosas, globalização e tecnologia da informação foram combinadas para criar um período de crescimento sem precedentes e níveis de integração muito mais elevados dentro das grandes empresas. Infelizmente, à medida que as empresas se tornam mais complexas, elas desaceleram. O espírito empresarial ágil dos velhos tempos começa a se desgastar. As pessoas têm de cooperar com vários colegas em diversos lugares, controlar funções e linhas de negócio diferentes, coordenar atividades complexas e lidar com a dimensão total da organização. Mais cedo ou mais tarde, essa complexidade começa a sabotar tudo aquilo que fez a empresa ser originalmente bem-sucedida:

- As atividades se tornam lentas e as pessoas passam a achar cada vez mais difícil tomar decisões e executar suas tarefas.

- A organização se torna difícil, custosa e demorada de administrar. As pessoas gastam mais tempo e recursos classificando complexidades internas e prestam menos atenção nos clientes e na concorrência.
- A empresa se torna um ambiente de trabalho desorganizado e pouco satisfatório. O espírito vivido nos primeiros dias fica difícil de cultivar.

À medida que o universo interno da organização começa a desacelerar, o universo externo passa a se mover mais rápido que nunca. Todos os anos é necessário produzir melhor, mais rápido e a custos mais baixos. Se não o fizermos, nossos clientes encontrarão alguém que o fará.

Neste livro, apresento algumas ideias desafiadoras e ferramentas práticas que simplificam a maneira de trabalhar em grupo, objetivando evitar as consequências negativas da complexidade. Quando você puser em prática esta abordagem, poderá ver melhorias importantes em três áreas fundamentais:

- **Velocidade.** Equipes e projetos complexos com produção até 25% mais rápida. Estrategicamente, a velocidade produz inovação acelerada, atividades de melhoria mais velozes, mais rapidez em suprir o mercado e níveis mais elevados de produção com os mesmos recursos.
- **Facilidade.** Por facilitar a gestão da organização, você pode reduzir o tempo e os gastos com cooperação, controle e comunicação desnecessária em até 20%. Você pode redirecionar essas sobrecargas improdutivas e recursos administrativos para áreas que incrementam a produtividade.
- **Satisfação.** Melhore a satisfação dos membros da equipe de 10% a 20%. Maior satisfação no trabalho tem relação direta com motivação mais elevada, aumento de desempenho e redução na rotatividade do quadro de funcionários.

Desaprendendo habilidades tradicionais de gestão

Quando meus colegas e eu estávamos trabalhando com pessoas talentosas em muitas das empresas mais admiradas do mundo, descobrimos, para nossa surpresa, que o destaque de nosso treinamento virtual para equipes era aprender a decidir onde *não* se deve atuar como equipe. Os elementos mais úteis de nosso treinamento de comunicação ocorreram quando ajudamos as pessoas a se comunicarem *menos*. Descobrimos que gestores eram mais bem-sucedidos quando *renunciavam* o controle aos subordinados; e descobrimos que, às vezes, havia investimento *excessivo* nos tipos errados de comunidade e de espírito de equipe. Começamos treinando as pessoas para lidar melhor com a complexidade; aprendemos que é melhor descobrir um atalho e atravessá-la.

A princípio, resistimos a esse aprendizado. Todos havíamos desenvolvido nossas habilidades em empresas de classe mundial como Procter & Gamble, Mars e GE. Aprendemos a importância do trabalho em equipe, da comunicação e do controle. Fomos todos gestores bem-sucedidos, mas escolhemos abandonar o grande mundo corporativo para fugir de sua complexidade e restrições e ter mais flexibilidade, desafios e controle sobre a própria vida.

Descobrimos que as habilidades de gestão tradicionalistas, que nos haviam tornado bem-sucedidos no início de nossas carreiras, estavam nos detendo em um mundo mais complexo. Aprendemos novas habilidades por iniciativa própria e, ao trabalhar com centenas de equipes verdadeiras, criamos maneiras diferentes de trabalhar para reduzir e domar a complexidade.

Os 4 Cs

Este livro é organizado em torno dos 4 Cs, todos importantes fontes de atraso, despesas e insatisfação em uma organização. São eles: cooperação, comunicação, controle e comunidade. Em cada uma dessas áreas, explico por que as maneiras tradicionais de trabalhar se tornaram complexas demais para conseguirmos lidar com elas. Proponho alguns métodos e ferramentas mais simples para obter resultados mais rápidos ao trabalhar em equipe, sem gastos desnecessários e com satisfação profissional melhorada.

COOPERAÇÃO

À medida que as organizações crescem e o trabalho se torna mais complexo, surge uma necessidade maior de cooperar para realizar tarefas. Em grandes empresas, temos de cooperar com colegas de outros departamentos, lugares, outras culturas e outros países. Precisamos cultivar a confiança e manter bons relacionamentos no trabalho, com diversos grupos de pessoas que talvez nunca venhamos a encontrar pessoalmente.

Essas conexões cada vez mais complicadas são uma grande fonte de confusão e atrasos. Em consequência disso, gestores de organizações complexas estão gastando mais da metade do tempo em reuniões (pessoalmente ou por meio de tecnologias de comunicação) e no trabalho em equipe – e eles acham que metade desse tempo é desperdiçado.

As 25 principais empresas da lista da *Fortune 500* empregam sozinhas mais de 6,5 milhões de pessoas – mais que a população da Dinamarca. Nesse grupo, a empresa média tem 250 mil funcionários, 20% dos quais talvez enfrentem grande quantidade de reuniões e de trabalho em grupo. Portanto, se metade do tempo é desperdiçado, todos os dias cada uma dessas empresas emprega em torno de 12.500 gerentes para não fazer nada além de ficar sentados em reuniões e participando de equipes desnecessárias – algo que odeiam fazer.

Há duas grandes oportunidades para penetrar a complexidade e as barreiras causadas pela cooperação desnecessária:

- O trabalho em equipe tornou-se uma forma cara e lenta de cooperação. Existem maneiras mais simples e rápidas de trabalhar em grupo, menos dispendiosas e mais satisfatórias para as pessoas envolvidas. Forneço as ferramentas para ajudá-lo a diagnosticar qual estilo de cooperação funciona para você.

- Reuniões são uma enorme fonte de desperdício e frustração. A maior parte dos livros e treinamentos têm como objetivo tornar o processo tradicional de condução de reuniões mais eficiente. Antes de mais nada, meu foco é não fazer reuniões, mas, se você tiver que fazer uma, mostro como substituir a "morte por *PowerPoint*" por uma abordagem muito mais envolvente, rápida e participativa.

COMUNICAÇÃO

A quantidade de comunicação nas empresas disparou nos últimos anos. Em contrapartida, a qualidade dela tem caído na mesma proporção. A ânsia por coordenar, assim como a fácil disponibilidade de tecnologias de comunicação, agora fazem com que gestores nas organizações complexas recebam mais de 130 mensagens eletrônicas por dia. Esse número está crescendo rapidamente à medida que mais tecnologias novas de comunicação se tornam disponíveis. Pode esperar que o número de mensagens que você recebe irá dobrar nos próximos quatro anos, a menos que você tome a iniciativa de controlar as comunicações *agora*.

Um exemplo: o e-mail é uma ótima ferramenta, mas os gestores nos informam que muitos deles são um completo desperdício de tempo. Os gestores deletam por volta de 25% dos e-mails que chegam, sem sequer os ler. Isso significa que cada uma das empresas da *Fortune 500* está pagando alguém para escrever, enviar e deletar mais de 250 milhões de e-mails inúteis todo ano.

Uma grande empresa de tecnologia estimou que 20% de todo o tempo dos funcionários é gasto lidando com e-mails. Se 25% deles são inúteis, isso significa que 1.600 funcionários estão permanentemente dedicados ao recebimento e/ou envio de e-mails desnecessários.

Há três grandes oportunidades de reduzir a enxurrada de comunicação desnecessária e melhorar a qualidade do restante:

- Desconectar-se das comunicações que não requerem o envolvimento das pessoas.
- Enfocar o conteúdo da comunicação no que o destinatário realmente precisa saber. Alguns princípios conservadores de comunicação parecem ter sido perdidos por essa geração que só sabe clicar em "responder a todos".
- Aprender a escolher e a utilizar as tecnologias de comunicação de forma mais eficaz, objetivando selecionar ou combinar tecnologias para se beneficiar de suas vantagens e evitar seus pontos fracos.

CONTROLE

Conforme as organizações crescem, tendem a controlar mais. Criam poderosas funções centrais para coordenar as atividades. Implementam regras e sistemas para manter a sensação de controle que costumavam ter em tempos mais simples.

As tecnologias da informação e da comunicação nos mostram que *podemos* controlar com maior grau de precisão, a distâncias cada vez maiores e com muito mais rapidez que no passado – mas isso não significa que devamos *fazê-lo*. O excesso de controle leva à microadministração, à ausência de delegação de poder e a reações locais carentes. Quando a matriz da empresa está sediada em outro país, ela pode ficar rapidamente insensível às prioridades e realidades locais. Os gestores nos dizem que o controle nas organizações nas quais trabalham está aumentando à custa de flexibilidade, velocidade e rapidez de resposta.

Há três lições importantes sobre como esclarecer e encurtar as linhas de controle:

- Para ter controle centralizado sobre as coisas, precisamos compreendê-las também de modo centralizado. Organizações complexas, em especial as globais, geralmente possuem maior compreensão operacional no âmbito local. Desenvolvemos ferramentas que objetivam mover o controle para onde este deveria estar, a fim de obter resultados mais rápidos e eficazes.
- Centralizar decisões sempre gera atrasos e custos adicionais. Além disso, frequentemente é sinal de pouca confiança na capacidade local.
- As pessoas não gostam de ser controladas e resistem a isso, pois preferem e esperam ter autonomia.

COMUNIDADE

No passado, com frequência o sentimento de comunidade, confiança e espírito de equipe tinha origem no fato de simplesmente estar no mesmo lugar que nossos colegas. No entanto, manter comunidades em organizações com várias filiais, especialmente em empresas multinacionais, custa muito tempo e dinheiro. A coisa funciona melhor quando nos encontramos cara a cara, por isso viajar se torna um enorme gasto. Um estudo que envolveu 89 agentes de viagem, conduzido pela Accenture para a American Express em 2004, constatou um gasto médio com viagens aéreas de quase 30 milhões de dólares cada. Isso representa uma média de 65 mil viagens de negócios por ano para cada empresa. Os dados não contabilizam táxis, hotéis, tempo e demais gastos com as viagens.

A gestão de vínculos comunitários tem quatro aspectos importantes:

- A confiança é essencial para a cooperação, mas estruturas organizacionais complexas frequentemente criam tensões e lealdades divididas, que podem se opor aos melhores interesses da empresa.

- A comunidade não é mais um derivado gratuito da localidade, pois é necessário cultivá-la de forma consciente e há princípios simples e ferramentas práticas para fazê-lo.
- Nem toda comunidade vale a pena – são de desenvolvimento caro e demorado, por isso é preciso focar seu investimento.
- Quando se trata de projetar uma cultura corporativa que estimule a velocidade e a cooperação, a solução correta *existe*, de fato.

Não é o que você sabe, é o que você faz

Um tema consistente ao longo do livro é a necessidade de descentralização seletiva. Há poderosas pressões a favor da centralização, quando operações globais são formadas por meio de expansão, aquisições ou do aumento de integração interna. Essas organizações volumosas criam uma sensação de risco. Temos de confiar em pessoas, de diferentes culturas e regiões, que nunca vimos pessoalmente, e chefiá-las. Nossas atitudes tradicionais de controle e confiança ficam comprometidas pela escala e complexidade da operação. Centenas de milhares de anos de confiança em relacionamentos e comunicação pessoal são varridos para longe, quando tudo o que podemos fazer é nos comunicar por meios tecnológicos. Frequentemente os gestores compensam essa insegurança aumentando o controle e a precaução.

Precisamos encontrar maneiras muito mais simples de gerir pessoas, projetos e equipes em empresas complexas. Apresentar algumas delas é o objetivo deste livro. Certa vez, Oscar Wilde escreveu: "Não tive tempo para escrever uma breve missiva, então escrevi uma longa". Levamos mais de dez anos de tentativa e erro para reduzir essas ferramentas à sua essência. Cremos que gestores muito ocupados conseguirão se lembrar com mais facilidade de ferramentas que sejam claras e simples e fazer uso delas.

Você verá algumas ideias novas e algumas ideias tradicionais do senso comum repensadas, de forma que equipes complexas possam implementá-las de maneira simplificada. Todo valor está na implementação – não é o que você *sabe* que conta, mas o que você *faz*.

Este livro custa menos que seu gasto mensal com o estacionamento, ou o gasto quinzenal com refeições, ou o custo de uma ligação de celular de 25 minutos. Pode muito bem ser o melhor investimento que você já fez – mas só se você implementar as ideias.

Boa sorte!

PARTE 1

COOPERAÇÃO – o jeito antigo não funciona

CAPÍTULO 1

Desenrolando o novelo

Pessoas em organizações complexas precisam cooperar com colegas em lugares, funções, culturas, empresas e países distintos. A cooperação se estende além da organização, de modo que inclui fornecedores, empreiteiras, consultores, clientes e até mesmo concorrentes. Seja um contato direto e prolongado com colegas de trabalho próximos a você, seja uma colaboração virtual com pessoas com as quais você só se comunica pela internet, a ferramenta que utilizamos para as diversas formas de cooperação é o velho e confiável trabalho em equipe.

Este capítulo aborda como nossa arraigada preferência por trabalho em equipe é uma das maiores fontes de estorvo, atrasos e desperdício nas organizações atuais, tendo em vista que nos atrela a grandes quantidades de cooperativismo e comunicação desnecessários, sabotando a responsabilidade individual. Proponho o uso muito mais seletivo de equipes e uma forma de cooperação muito mais simples, rápida e satisfatória para a maior parte das tarefas ulteriores.

As equipes são apenas uma ferramenta de cooperação. Não são automaticamente boas ou ruins, mas são uma ferramenta dispendiosa, lenta e complexa de utilizar quando seus membros se encontram espalhados em diversos locais, culturas e países, e quando a possibilidade mútua de contato "cara a cara" é limitada.

A maior parte das tarefas que realizamos em organizações complexas não envolve o trabalho em equipe – e isso é uma ótima notícia! Ofereço uma alternativa simples: o trabalho com grupos-estrela. Demonstro quando se deve utilizar equipes e quando se deve utilizar grupos-estrela, como combiná-los e de que modo acelerar os resultados em cada uma das duas modalidades de trabalho.

Ao nos organizarmos de forma mais simples, podemos nos libertar das restrições da cooperação e ainda aproveitar os benefícios quando realmente precisarmos deles. Também podemos enfocar o mais valioso recurso – nossa "equipe verdadeira" – em áreas nas quais as equipes são a ferramenta correta. Ao selecionar as melhores formas de execução das tarefas que precisamos realizar, podemos ainda simplificar a maneira pela qual nos reunimos e nos comunicamos – um assunto que será abordado em capítulos subsequentes.

Quando *não* ser uma equipe

Líderes e membros de equipes, em especial os de alto desempenho, podem facilmente se sentir constrangidos pela necessidade de manter todos envolvidos nas mesmas atividades, de ampliar sua participação e de desenvolver o espírito de equipe em um ambiente coletivo. O progresso, muitas vezes, se limita à rapidez do membro menos hábil ou mais relutante.

Quando eu ainda era um jovem gerente, a importância do trabalho em equipe me foi inculcada: recebi treinamento e *feedback* para desenvolver minhas habilidades de trabalho em equipe, li livros sobre organização de equipes e até mesmo fui avaliado se realmente tinha o perfil para trabalhar em equipe. As equipes eram um dogma de fé, e não me lembro sequer de ter desconfiado da existência de alguma alternativa. No entanto, com frequência eu me sentia frustrado ao esperar que os outros acompanhassem meu ritmo e pela necessidade de ter de coordenar pessoas que não adicionavam nada à tarefa. Recebia muita informação e sugestões das quais simplesmente não necessitava.

Quando fui transferido para a área de treinamento e desenvolvimento, criei ferramentas mais sofisticadas e treinamentos mais eficazes com o objetivo de gerir os inevitáveis atrasos e conflitos pessoais. À medida que a complexidade de minha organização aumentava, comecei a aplicar esses princípios a equipes de diversas localidades e culturas. Me vi trabalhando cada vez mais duro para manter diversas culturas e coordenar metas de negócios cada vez mais complexas. Aumentei meu número de viagens e reduzi o tempo dedicado à minha família, ao meu sono e aos meus *hobbies*.

Desenvolvi treinamentos para equipes remotas, virtuais, multiculturais e matriciais, e vendi programas para grandes empresas do mundo todo. Por causa das centenas de conversas que tive com gerentes inteligentes de todas as partes do planeta, comecei a me libertar de mais de vinte anos de condicionamento acerca do trabalho em equipe, a ponto de compreender que o melhor aprendizado vem do discernimento de saber quando *não* se deve ser uma equipe. Ao desenvolver esse tema, descobri que a maioria dos gerentes primeiro resiste a esse conceito, mas, ao descobrirem que há uma maneira mais simples de trabalhar, sentem um enorme alívio.

Todos nós fomos condicionados a acreditar que equipes realizam tarefas de forma muito mais rápida, e há ocasiões em que isso é verdade. Nas melhores equipes, as pessoas trabalham juntas de maneira produtiva, os relacionamentos são fortes, o estímulo social é agradável e as tarefas são feitas com mais rapidez do que se o fossem individualmente.

Quando pedimos às pessoas que se lembrem de suas melhores experiências, quase 40% delas se recordam de ter feito parte de alguma "superequipe". Tais equipes são tipicamente bem-sucedidas ao atingir suas metas, porém o que as torna inesquecíveis é a forma como expressam os *sentimentos* – o espírito, a diversão e os relacionamentos envolvidos.

Todavia, equipes nem sempre funcionam. Você já fez parte de alguma equipe prejudicada por problemas de relacionamento ou de responsabilidades ambíguas? Você já sentiu que só conseguiria realizar determinada tarefa no mesmo ritmo do membro menos capaz da equipe? Quando perguntamos aos gerentes se já haviam participado de equipes morosas, mais de 90% se recordaram de situações que as exemplificam. Ao falar a respeito delas, notamos a mudança no semblante desses gestores.

Às vezes, problemas de relacionamento ou falta de atenção a formas de trabalho pode levar a equipes desajustadas, mas um problema ainda maior é o uso de equipes quando o trabalho em equipe não é realmente necessário.

Grupos-estrela e equipes-novelo

No momento estamos usando o termo "equipe" para descrever qualquer agremiação de pessoas que estejam trabalhando juntas. Contudo, a essência de uma equipe é sua *interdependência*. A equipe é uma ferramenta que você deveria utilizar quando uma tarefa complexa requer que uma gama de habilidades e perspectivas cooperem para que um trabalho seja feito em determinado período de tempo. Os membros da equipe ficam mutuamente unidos pela necessidade de alcançar um objetivo específico.

O rígido padrão de conexões e interdependências em uma equipe se assemelha a um novelo. Em "equipes-novelo":

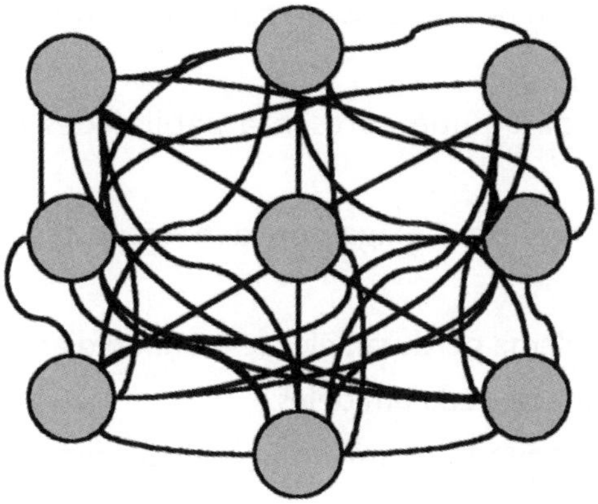

- Os objetivos não podem ser atingidos sem a cooperação de um ou mais membros da equipe.
- Os papéis individuais se sobrepõem e/ou as pessoas podem se substituir mutuamente.
- Os membros têm habilidades complementares; não podem completar a tarefa sozinhos, mas cada um é essencial ao resultado geral.

- A comunicação entre membros da equipe sobre o trabalho em questão é relativamente frequente.
- As pessoas dependem de informações ou de serviços dos demais membros da equipe para a execução de seu trabalho diário.
- A informação é compartilhada como ingrediente vital para a realização das metas da equipe.

Por definição, equipes-novelo são interdependentes. No entanto, só faz sentido trabalhar em equipe quando as metas desta requerem trabalho interdependente; caso contrário, cada conexão se tornará um empecilho e apenas tornará as coisas mais lentas.

As operações de manufatura de uma empresa de produtos eletrônicos apresentam um problema de controle de qualidade causado pela mudança imprevista nas especificações de uma peça de um fornecedor. A empresa conta com uma equipe constituída por funcionários da linha de produção, da logística, do departamento de compras, do controle de qualidade e fornecedor.

▷ Cada membro da equipe apresenta habilidades e perspectivas diferentes.
▷ A solução é complexa e exige coordenação estreita entre todos os membros.
▷ Enquanto o problema perdurar, eles se reunirão diariamente.
▷ Esta é a prioridade de cada um deles.
▷ Cada membro depende de informações dos demais para realizar seu trabalho.
▷ Nas reuniões, há muita discussão e interação, e as soluções são baseadas em diversas sugestões.

Uma equipe de verdade é assim.

Entretanto, um *grupo* consiste em certo número de pessoas com habilidades semelhantes a enfocar elementos distintos de uma tarefa maior, ou em várias pessoas a colaborar em tarefas semelhantes. Em geral, são coordenadas por um gerente que compartilha da mesma orientação.

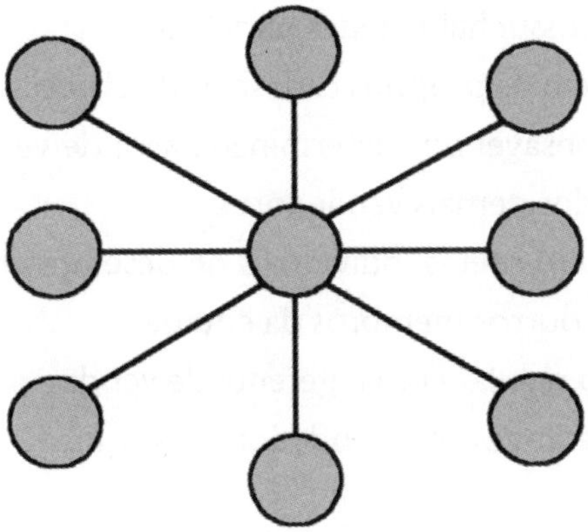

A estrutura simplificada se parece mais com uma estrela. Em "grupos-estrela":

- As pessoas têm por hábito trabalhar com metas que requerem trabalho e concentração individuais.
- Os papéis individuais não se sobrepõem.
- As pessoas possuem habilidades únicas.
- A comunicação entre membros do grupo sobre o trabalho em questão é pouco frequente.
- As pessoas podem completar o trabalho diário sem obter informações ou serviços de outros membros do grupo.
- O trabalho pode ser passado adiante, de um membro a outro do grupo, uma vez que sua parte tenha terminado.
- A informação é compartilhada para aprendizado e interesses.

Em grupos-estrela, as pessoas executam tarefas amplamente similares e se reportam a um único chefe por razões organizacionais. Um grupo bem gerido é muito mais fácil de administrar e cultivar do que uma equipe.

A tradicional "equipe" de vendas de uma empresa de bens de consumo de alta rotatividade vende para pequenos varejistas.

- ▷ Cada vendedor executa uma função semelhante.
- ▷ Cada indivíduo possui habilidades semelhantes.
- ▷ Os vendedores têm os próprios cadastros de clientes.
- ▷ Cada um é responsável por determinada área de vendas, que não coincide com a área dos demais vendedores.
- ▷ Os vendedores têm metas individuais de desempenho que não exigem a cooperação de outros membros da equipe.
- ▷ Mantêm contato regular com o gerente de vendas.
- ▷ Raramente contatam outros vendedores da equipe.

Com base no dia a dia, assim opera um grupo-estrela clássico, não uma equipe.

O conceito de equipes-novelo e grupos-estrela parece simples, mas pode ter um impacto revolucionário no modo de as pessoas trabalharem juntas. Pode levar algum tempo até você se livrar do condicionamento arraigado do trabalho em equipe. Mais adiante, neste capítulo, você verá alguns exemplos funcionais do uso dessa ideia.

Antes de continuar a leitura, tente identificar com sua equipe onde vocês realmente atuam como equipe-novelo e onde atuam como grupo-estrela. Use as definições citadas anteriormente para questionar suas pressuposições sobre a quantidade de trabalho em equipe que é realmente necessária.

Onde somos uma equipe-novelo?	Onde somos um grupo-estrela?

Quando tiverem terminado este exercício, voltem aos itens que vocês assinalaram na coluna "equipe-novelo". Essas questões realmente envolvem toda a equipe ou abrangem apenas um conjunto menor do total de membros?

A maioria das "equipes" gasta uma pequena parte do tempo trabalhando em equipe e a maior parte trabalhando como grupo. Ao utilizarmos, quando possível, uma estrutura simplificada de grupo-estrela, seremos capazes de reduzir a complexidade e incrementar a velocidade de produção. Poderemos, então, focar o custoso e escasso tempo de nossa equipe-novelo em áreas nas quais obteremos o maior benefício possível.

Aqui vai um teste simples: se você participar de uma série de reuniões de equipe e assistir a várias apresentações irrelevantes e tediosas, mas estiver feliz por estar lá, uma vez que, em um minuto, fará uma apresentação fascinante a todos os membros presentes, então você está em um grupo! Se tal fosse uma equipe de verdade, as atividades e perspectivas dos demais membros seriam essenciais e interessantes, e você teria de estar ciente delas para realizar as próprias tarefas com êxito.

A boa notícia é que grupos-estrela são muito mais fáceis de liderar. Se você realmente estiver liderando um grupo, sinta-se feliz, pois isso lhe economizará um bocado de tempo.

"Eu costumava perder muito tempo correndo de lá para cá, tentando fazer as pessoas conversarem umas com as outras. Eu me preocupava genuinamente com a falta de comunicação e de espírito de equipe e estava convencido de que fazia algo errado. Reuniões e teleconferências não pareciam ajudar. Eu passava muito tempo em campo tentando 'ajustar' a comunicação de minha equipe.

Quando compreendi que estava gerindo um grupo clássico, e não uma equipe, percebi que não havia a necessidade real de cooperação e comunicação diárias. Em vez de tentar promover mais contato entre os membros da equipe, fui capaz de reduzir nosso "tempo de equipe", dar mais tempo às valiosas conversas individuais e focar nosso tempo em questões nas quais todos necessitavam estar envolvidos.

Também parei de me sentir culpado por tentar liderar um grupo, pois isso, de fato, simplifica muito as coisas."

GERENTE DE VENDAS, FMCG.

"Passei os últimos dois anos tentando gerir uma 'equipe' sediada em dois lugares distantes 320 quilômetros uma da outra. Fiz reuniões semanais em ambos os lugares. Depois que descobri que estava gerindo dois grupos distintos, reorganizei nosso modelo de comunicação e cooperação. Hoje economizo seis dias úteis de tempo de estrada, que costumava gastar me deslocando de um lugar para o outro, e as pessoas estão mais satisfeitas com o modelo de comunicação atual."

GERENTE DE OPERAÇÕES,
TERCEIRIZAÇÃO DE FUNÇÕES DE APOIO, INDÚSTRIA FINANCEIRA.

Como adições simples destroem equipes-novelo

Às vezes você precisa trabalhar como grupo-estrela, às vezes como equipe-novelo, dependendo das tarefas que deseja realizar.

Sempre que puder escolher, prefira a estrutura *mais simples possível* e envolva o *menor número* de pessoas a fim de liberar mão de obra para que elas trabalhem de maneira mais rápida e eficiente. Tudo isso porque adições simples podem destruir equipes-novelo. Conforme a equipe cresce, os membros passam a ter várias restrições relacionadas ao seu tamanho:

- tempo de participação;
- a curva de conexões;
- custos indiretos da equipe;
- equipes demais.

TEMPO DE PARTICIPAÇÃO

Em uma conversa entre duas pessoas, cada uma deve contribuir com 50% da conversa – 50% falando e 50% escutando. Chamo isso de "tempo de participação". À medida que o número de pessoas envolvidas em uma conversa aumenta, torna-se cada vez mais difícil obter um tempo de participação razoável. Quanto mais você necessitar de cooperação e interdependência reais, menor será o número de pessoas que poderá envolver, em especial se precisar do verdadeiro trabalho em equipe.

Em uma equipe-novelo de apenas cinco pessoas, se todas tiverem o mesmo tempo de participação, cada uma terá de ficar quieta 80% do tempo. Isso se torna frustrante para os participantes e impõe um limite na eficácia da comunicação. Na prática, tendo em vista que há mais que três ou quatro pessoas envolvidas em uma conversa cara a cara, ou a coisa deixa de ser uma conversa e parte para várias conversas menores, ou se torna uma série de monólogos, nos quais se presta muita atenção e se conversa muito pouco.

Uma vez que o grupo excede seis ou oito membros, começa a se tornar uma plateia. Isso é apropriado para a divulgação de informações, mas não para o tipo de discussão interativa necessária na genuína cooperação de equipe, pois equipes bem-sucedidas exigem certa disponibilidade de tempo de participação. Se nas reuniões você espera sentado a sua vez de falar, então está sofrendo desse tipo de problema.

A comunicação em um grupo-estrela tende a variar entre a transmissão de informações do gerente para todos os membros (quando uma plateia de mais de dez pessoas é excelente) e uma série de conversas individuais (nas quais a norma é 50% de tempo de participação para cada um).

"Eu me preocupava em me envolver nas discussões da minha equipe e um dia fiz uma lista com o nome das pessoas presentes à reunião. Cada vez que alguém falava, eu colocava uma marca ao lado do nome. Foi uma grande surpresa para mim perceber quanto da reunião foi dominada por um pequeno número de pessoas e quão raramente se manifestou a maior parte dos membros."

GERENTE DE MARKETING, FMCG

A CURVA DE CONEXÕES

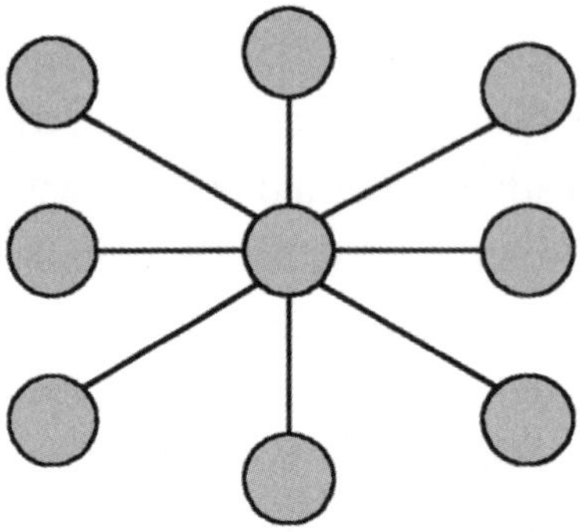

Se observarmos os padrões de conexão do grupo-estrela, veremos que ele é bem simples. Cada indivíduo do grupo está apenas conectado ao líder. Os demais indivíduos não ficam conectados uns aos outros porque não necessitam disso. A comunicação entre os membros do grupo é menos frequente por não ser necessária ao desempenho do trabalho no dia a dia.

O padrão é simples, claro e fácil de entender. Há pouca oportunidade ou necessidade de se envolver em discussões que não são pessoalmente relevantes a você. Isso significa que a satisfação das pessoas com a qualidade da comunicação é alta. É difícil deixar alguém de fora dos comunicados ou não perceber a ausência de algum participante.

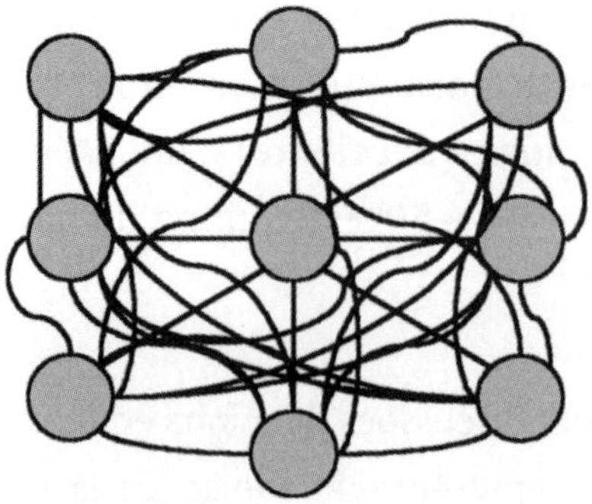

O padrão de conexões de uma equipe-novelo de mesmo tamanho já é algo muito mais complexo. Todos têm de estar conectados uns aos outros para realizar suas tarefas, por isso a comunicação é algo mais frequente. Nesse padrão, todo mundo precisa de oportunidade para contribuir, e ocorrem discussões frequentes sobre os melhores procedimentos a adotar nas áreas em que as opiniões são mais divergentes. Com tanta comunicação ocorrendo nas equipes, fica mais fácil excluir ou não envolver por completo algumas pessoas. Em contrapartida, também fica muito difícil ouvir os membros mais tímidos da equipe.

O padrão de grupo-estrela aparenta enfatizar bastante o líder, com oito conexões em forma de roda de bicicleta. Contudo, se você observar de perto o padrão da equipe-novelo, verá que o líder também tem apenas oito conexões. A vantagem do padrão de grupo está na menor complexidade e no número de conexões em relação aos demais membros do grupo. O trabalho em grupo proporciona a seus membros muito mais liberdade, foco e tempo.

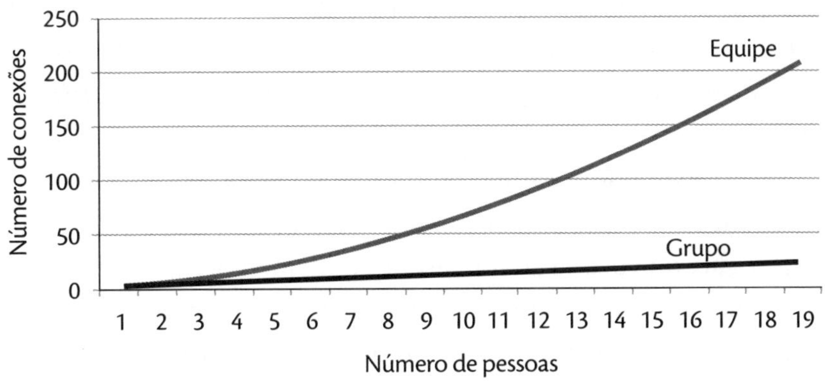

Conforme as equipes crescem, torna-se necessário investir um esforço cada vez maior na manutenção das conexões e nos relacionamentos que as fazem funcionar. Se as discussões se desviarem a um tema que seja do interesse de apenas um dos membros da equipe e do líder, provavelmente as outras pessoas se distrairão e desperdiçarão tempo. Quando uma equipe cresce, o número de conexões também cresce. Se você adicionar uma pessoa a um *grupo* de oito, criará mais uma conexão. Se você incluir mais uma pessoa em uma *equipe* de oito, criará oito conexões adicionais. O número de conexões envolvidas em um verdadeiro trabalho de equipe-novelo se tornará rapidamente difícil de administrar. O padrão de grupo-estrela é fácil de manter a um tamanho que se limite apenas à capacidade de gestão do líder e que esteja entre oito e doze pessoas, dependendo da complexidade das funções exercidas no grupo, da experiência dos membros e da quantidade de orientação de que cada um necessita com regularidade.

CUSTOS INDIRETOS DA EQUIPE

Uma das principais coisas que tornam as equipes-novelo mais lentas é a necessidade de trabalhar na coordenação ou em questões que chamo de "custos indiretos da equipe". As pessoas devem conhecer melhor os colegas e desenvolver maneiras de trabalhar que se adaptem aos membros da equipe. Precisam buscar o consenso e participar das decisões. Precisam decidir quem vai fazer o que e ajustar a velocidade da equipe às distintas marchas de progressão de cada indivíduo.

Se o trabalho for realmente interdependente, então você deverá adotar um ritmo que todos possam acompanhar. Na prática, isso significa que, ou você se adapta ao ritmo do membro mais lento, ou os demais membros compensarão esse atraso realizando uma parcela maior de trabalho. Nenhum desses freios é desejável, embora um deles possa ser necessário se você estiver em uma equipe de verdade.

Quando se perde a responsabilidade individual de prestação de contas, o impacto de um desempenho individual fraco só pode ser percebido na desaceleração do progresso geral da equipe. Provavelmente são os membros de mais alto desempenho que experimentarão as consequências negativas do trabalho em equipes-novelo, uma vez que serão os mais reprimidos.

Em um trabalho de grupo-estrela, um membro relutante ou de desempenho fraco é identificável com muito mais facilidade, tendo em vista que não consegue atingir suas metas. A prestação de contas individual facilita muito a gestão de problemas de desempenho.

Algumas pessoas preferem trabalhar em equipes com responsabilidades mais difusas e coletivas para evitar essa clareza!

Membros de equipes maiores gastam muito mais tempo com problemas de coordenação e no acompanhamento de tarefas feitas por outros membros. Em atividades realmente interdependentes, a equipe toda até pode parar para esperar por algum elemento que esteja levando mais tempo que o planejado para realizar determinada tarefa.

Se vocês estiverem levando cada vez mais tempo na resolução de problemas de relacionamento na equipe, em coordenação ou em reuniões, é necessário avaliar se o tempo está sendo bem aproveitado. Pode ser que vocês já estejam em um grupo ou estariam melhor trabalhando como um.

Em equipes menores, há um número menor de pessoas com as quais chegar a um consenso, por isso elas levam menos tempo no desenvolvimento das tarefas. A pressão dos pares é alta. Se em uma equipe de cinco pessoas houver um membro mais lento, os outros logo saberão disso e relutarão em compensar tanta carga adicional. Equipes pequenas podem ser muito exigentes com o desempenho de seus membros.

EQUIPES DEMAIS

No passado, costumávamos participar de organizações funcionais ou geográficas mais simples e éramos membros de um número relativamente baixo de equipes. À medida que cresceu a necessidade de coordenação por meio de funções empresariais, linhas de produtos e regiões geográficas, desenvolvemos estruturas organizacionais mais complexas (frequentemente baseadas em uma matriz).

A necessidade de coordenação incremental em organizações mais complexas significa que hoje podemos fazer parte de várias equipes. Pode ser que em algumas delas sejamos membros seniores enquanto em outras tenhamos assumido somente um compromisso com algumas responsabilidades. Às vezes participamos dessas equipes como membros virtuais, por apenas alguns dias. Por participarmos de várias equipes, temos tempo limitado para desenvolver uma compreensão profunda da melhor maneira de lidar com cada uma delas. Trabalhamos com um número maior de pessoas e não as conhecemos tão bem quanto deveríamos.

Nesse ambiente, precisamos de maneiras simples e transparentes de trabalhar em conjunto. Não dispomos de tempo para cultivar formas complexas de trabalho em cada uma dessas equipes.

EQUIPES-NOVELO PRECISAM SER PEQUENAS PARA SEREM EFICAZES

Uma "equipe" de oito ou mais pessoas não é uma equipe de verdade, pois o número de conexões e a quantidade reduzida de tempo de participação mostram que, de fato, essa equipe não pode funcionar da forma interconectada que caracteriza uma equipe, mesmo que você assim o deseje ou necessite.

Em equipes maiores, as pessoas têm a mesma necessidade de se conhecer mutuamente e de cultivar relacionamentos com o objetivo de melhorar a cooperação; contudo, existem muito mais relacionamentos a cultivar e, portanto, muito menos tempo para o cultivo de cada um deles. Na realidade, em equipes maiores, as chamadas "panelinhas" tendem a se formar entre aqueles que atuam de forma mais estreita na realização de uma tarefa global. Incentive essa tendência.

Em equipes complexas, cada conexão significa mais uma jornada para comparecer às reuniões da equipe, mais uma pessoa para envolver na teleconferência e mais um membro para manter envolvido e motivado. Em uma boa equipe, cada conexão traz um benefício, uma nova perspectiva e mais energia. Em uma equipe ruim, cada conexão pode se tornar um grilhão que aprisiona toda a equipe à marcha lenta do menos capaz ou do menos comprometido. A menos que as conexões realmente adicionem valor, tornam-se meras amarras, despesas e potenciais fontes de frustração e atraso. A remoção de conexões desnecessárias traz grande benefício à equipe e/ou ao grupo e aos indivíduos envolvidos.

Mesmo em uma boa equipe, você ainda pode ter um número grande demais de pessoas para manter a eficácia. Mais cedo ou mais tarde, essa cooperação vai obstruir o progresso. **Se sua equipe estiver grande demais, pare de tentar agir como uma.**

Quando a tecnologia dá suas dentadas

Equipes que atuam em conjunto, em várias localidades, passam mais tempo colaborando umas com as outras por meio de tecnologias da comunicação do que cara a cara. Essas equipes não podem se dar ao luxo de esperar por reuniões que dependem da presença física de seus membros para tomar decisões e fazer as coisas acontecerem. De fato, é comum que "equipes globais" se reúnam uma vez por ano – embora eu deva sugerir que, se vocês podem trabalhar por doze meses sem se encontrar pessoalmente, então são um grupo, não uma equipe.

Grupos-estrela consideram a comunicação pela tecnologia algo relativamente fácil. Conversas cara a cara não exigem muito planejamento ou facilitação sofisticados. Quando grupos realmente necessitam de comunicação coletiva, com frequência é para transmitir informações para a central, ou a partir da central do grupo. O uso de tele ou webconferências é ideal para tal fim.

No entanto, quando se trata de equipes, a necessidade de cooperar por intermédio de tecnologias impõe um limite ao tamanho dessas equipes, mesmo que isso não agrade. Pequenas equipes-novelo (de quatro a seis pessoas) podem operar de forma eficaz por web, vídeo ou teleconferência. Frequentemente as comunicações são organizadas objetivando a realização de metas específicas em vez de relatórios e teleconferências periódicas. Em geral, pequenas equipes podem arcar com reuniões cara a cara com maior frequência, pois é mais fácil e barato providenciar uma pequena reunião, em especial quando o aviso é breve.

Contudo, qualquer um que tenha participado de uma teleconferência de quinze ou mais pessoas sabe que há oportunidades muito limitadas de interação. Quando se torna necessário interagir, a chamada frequentemente fica caótica, com todos se atropelando por uma chance de dizer alguma coisa. Em uma chamada de quinze pessoas com tempo de participação equivalente, espere falar não mais que quatro minutos por hora.

Equipes grandes são muito pobres quando se trata de comunicação por meios tecnológicos. Com frequência essas equipes arrumam um jeito de fazê-lo impondo limites na participação e utilizando as chamadas apenas para transmissão de informações em vez de objetivar a cooperação e a discussão. Em outras palavras, elas descobriram a vantagem de operar como um grupo-estrela durante a chamada.

"Aprendi a não conversar durante nossas teleconferências. Isso só as faz demorar mais! Coloco meu telefone no *mute* e me adianto com meus e-mails enquanto escuto. No caso raro de eu ouvir algo sobre o qual queira opinar, sempre posso ligar para a pessoa em questão e discutir o assunto mais tarde. Em uma equipe de dez pessoas, discussões durante uma teleconferência são um desperdício do tempo de todos.

Às vezes há assuntos a respeito dos quais todos têm fortes opiniões, mas é muito raro que consigamos resolvê-los em uma teleconferência. Em geral, temos de interromper a discussão e inserir o assunto na agenda da próxima reunião cara a cara, o que pode atrasar por meses a resolução do problema."

ENGENHEIRO DE APLICAÇÕES, INDÚSTRIA AUTOMOBILÍSTICA

Acelerando seu jeito de trabalhar em conjunto

Nossas recomendações práticas para acelerar a cooperação são:

- Selecione a forma correta de trabalho para cada uma de suas tarefas; prefira trabalhar como grupo-estrela quando possível.

- Quando o trabalho em equipe-novelo for necessário, utilize equipes de no máximo seis pessoas.
- Onde você tiver uma empresa de maior porte, procure maneiras de dividir as equipes em subequipes ou subgrupos.

Se o trabalho for realizado com equipes-novelo ou grupos-estrela, sempre haverá oportunidades de acelerar o resultado.

QUAL É O PADRÃO CERTO PARA MIM?

Utilize as definições de equipe e grupo oferecidas anteriormente neste capítulo para analisar a forma de sua equipe (ou grupo) trabalhar, assim como a tarefa a ser realizada. Identifique claramente onde você deve trabalhar como grupo-estrela e onde realmente precisa ser uma equipe-novelo.

O presidente de operações para Europa, Oriente Médio e África (Emea) de um grande fabricante de equipamentos de telecomunicação possui um conselho formado por seis vice-presidentes e seis gerentes-gerais dos departamentos financeiro, jurídico, de recursos humanos, pesquisa e desenvolvimento, distribuição e marketing.

Cada um desses gerentes tem função semelhante à dos outros e atua sobre uma área geográfica específica. Para todos os efeitos, no dia a dia eles formam um grupo.

Os vice-presidentes gastam grande parte do tempo administrando as próprias organizações funcionais – formam um grupo-estrela ao realizarem tal função.

Algumas subequipes se coordenam com maior frequência: marketing e departamento financeiro, e os gerentes se coordenam estreitamente no que diz respeito às vendas e aos clientes regionais. Ocorrem muitas conversas cara a cara entre os gerentes-gerais e os funcionais. Eles precisam discutir as implicações de decisões que afetam mutuamente as respectivas áreas de responsabilidade de cada um.

Há poucas questões sobre as quais a equipe toda tenha de se coordenar e cooperar diariamente. As principais áreas nas quais os gerentes precisam atuar como equipe-novelo incluem desenvolvimento estratégico, sucessão de cargos de alta gerência e alocação de recursos.

Em minha equipe, temos consultores trabalhando no mundo todo; eles operam de casa, mas gastam a maior parte do tempo trabalhando com os clientes em suas respectivas instalações ou em centros de treinamento e hotéis. Cada consultor tem experiência e habilidades semelhantes e tende a trabalhar individualmente com os próprios clientes. Nossos clientes nos escolhem para que passemos uma mensagem mundial e consistente de consultoria, treinamento e apoio.

Na entrega de nosso trabalho diário, operamos como um grupo-estrela genuíno. A maior parte de nosso enfoque está voltada para a qualidade das interações individuais. Temos uma quantidade limitada de trabalho em subgrupo, frequentemente motivada pelas necessidades de algum cliente atendido por mais de um consultor ou pela exigência de desenvolver ou atualizar algum produto.

Identificamos três áreas principais nas quais precisamos atuar como equipe-novelo e, quando nos reunimos, concentramos nosso tempo nelas:

- ▷ **Comunidade:** precisamos nos conhecer e confiar mutuamente uns nos outros para que seja fácil pegar o telefone e pedir ajuda. Precisamos perceber o valor de pertencer a uma comunidade para que o negócio perdure e pelos momentos em que há necessidade mais estreita de cooperação. É também útil ter com quem compartilhar os triunfos e lamentos.
- ▷ **Aprendizado:** queremos ser capazes de aprender uns com os outros e de nos beneficiar com nossas habilidades e ideias.
- ▷ **Produtos:** nossos clientes querem saber que podemos transmitir uma mensagem consistente, em âmbito mundial, e que desejamos incorporar as melhores práticas aos nossos programas.

CLAREZA ESTIMULA A VELOCIDADE

Compreender com clareza onde vocês são uma equipe e onde são um grupo ajuda muito a acelerar sua forma de trabalhar:

- Reduz o número de pessoas envolvidas em qualquer discussão a apenas aquelas que realmente precisam estar envolvidas.
- Simplifica o processo de tomada de decisões.
- Permite que você faça reuniões muito mais focadas (ver Capítulo 2).
- Reduz a necessidade de comunicações inúteis (ver Capítulo 3).
- Permite que você foque seu escasso tempo para contatos pessoais em assuntos nos quais o trabalho em equipe é realmente necessário.

Uma vez que você decidiu sobre a modalidade de trabalho de que necessita, pode se concentrar em maneiras mais eficientes de conduzir esse estilo.

Grupos-estrela ainda mais rápidos

Como já vimos, o trabalho feito por grupos-estrela é muito mais rápido que o trabalho em equipe. Então, para acelerar ainda mais o trabalho em grupo, preste atenção a quatro áreas-chave:

- **Alinhamento**: em razão de as pessoas estarem trabalhando em prol dos próprios objetivos, é fundamental para a velocidade dos grupos o estabelecimento de objetivos claros e alinhados. Os objetivos devem ser mutuamente independentes e não deve haver lacunas e aspectos coincidentes, de forma que a soma dos objetivos individuais corresponda ao resultado que você espera do grupo como um todo.

- **Definição clara de funções individuais e prestação de contas**: é essencial que funções individuais sejam claras e bem designadas. É necessário que esteja claro quem deverá fazer o que e quem deverá tomar que decisões.
- **Preste atenção aos pequenos novelos**: até mesmo grupos-estrela clássicos possuem algumas áreas nas quais se faz necessário agir mais como equipe-novelo, mesmo que seja apenas para criar um sentimento de comunidade. Se não houver um sentimento de conexão, comunidade e confiança, até as limitadas interações exigidas em um trabalho em grupo se tornam mais lentas. Mostrarei como isso pode ser feito no Capítulo 6.
- **Reuniões cara a cara**: a frequente comunicação individual direta é essencial aos grupos-estrela. É necessário que o gestor arrume tempo para conversar com os membros do grupo, individualmente, sobre questões de desempenho e desenvolvimento pessoal.

Acelerando equipes-novelo

Se você quiser acelerar o desempenho de suas equipes-novelo, os princípios fundamentais são:

- É maravilhoso ser pequeno.
- Foque seu tempo de contato cara a cara em assuntos-novelo.
- Administre o decaimento da comunidade – lançamentos e inícios de projetos devem ser mais claros; faça seu coração bater mais forte durante as fases remotas; acelere mais o aprendizado e a renovação.

É MARAVILHOSO SER PEQUENO

Como já vimos, em equipes complexas é maravilhoso ser pequeno por várias razões. O ideal para equipes-novelo é que tenham, no máximo, seis pessoas.

Se você está tentando construir uma equipe maior por causa de recursos ou por razões organizacionais, então comece a desenvolver uma série de subequipes e faça-as trabalhar bem em conjunto. Só assim você poderá vinculá-las a uma rede maior, caso seja necessário. O espírito de equipe é cultivado com mais facilidade de baixo para cima – não comece tentando montar uma equipe de vinte pessoas; comece com quatro subequipes de cinco integrantes cada. Frequentemente essas subequipes se revelam através de interesses comuns e objetivos compartilhados. Exemplos incluem:

- A equipe geográfica: membros regionais de uma equipe global maior podem trabalhar mais estreitamente em conjunto, em projetos específicos a certas regiões. É mais fácil trabalhar em localidades limitadas e com culturas mais semelhantes à sua.
- A equipe de tarefas: às vezes a identificação dos membros de um grupo se torna evidente, dependendo da tarefa.
- A equipe de aprendizado/excelência: agrupa-se em torno de alguns *experts* de vital importância em assuntos específicos.

Não crie trabalhos desnecessários, desenvolvendo objetivos compartilhados artificiais, apenas para promover o espírito de equipe. É possível que você esteja liderando um grupo e que não seja necessário fazê-lo.

FOQUE SEU TEMPO DE CONTATO CARA A CARA EM ASSUNTOS-NOVELO

Grupos podem realizar muito daquilo que tradicionalmente identificamos como atividades de equipe. É comum que equipes se reúnam para discutir questões de interesse individual ou relativas a subgrupos, mas isso é um desperdício do tempo da equipe.

Em equipes complexas, em particular aquelas que trabalham distribuídas por várias localidades, as oportunidades de se reunir pessoalmente são raras e dispendiosas. O tempo "cara a cara" é muito valioso para ser desperdiçado em questões individuais ou referentes a subgrupos. Você deve priorizar o tempo de sua equipe com assuntos concernentes à equipe toda.

O Capítulo 2 aborda como organizar reuniões de equipe "cara a cara", com a finalidade de evitar assuntos relativos a grupos e obter o máximo benefício das interações da equipe.

ADMINISTRE O DECAIMENTO DA COMUNIDADE

Em nosso trabalho de aceleração de equipes complexas globais e regionais, desenvolvemos um modelo que descreve como o nível de motivação se modifica no decorrer da vida de uma equipe. Utilizamos esse modelo para planejar equipes mais ágeis e decidir sobre onde devemos priorizar nosso escasso tempo de liderança "cara a cara". As equipes que usam essa abordagem têm obtido uma redução de 25% ou mais no tempo necessário para produzir resultados. Tal melhora foi constatada em importantes atividades de equipe que consomem vários meses, assim como em projetos de curto prazo implementados em apenas dez dias.

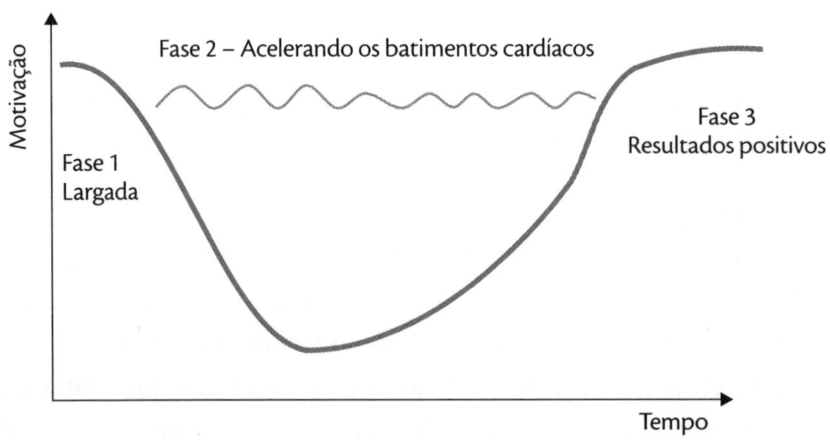

A **curva do decaimento comunitário** possui três fases:

- **Fase 1**: a largada. No início, a motivação normalmente é alta. É necessário engajar os membros da equipe no projeto e proporcionar-lhes direção e objetivos claros para uma largada mais veloz possível.
- **Fase 2**: acelerando os batimentos cardíacos. Esta é a fase remota, quando as pessoas estão realizando a maior parte do trabalho. Os membros da equipe estão nas próprias localidades, e a comunicação ocorre principalmente por meios tecnológicos. Assuntos locais vêm à tona com frequência, causando a queda da motivação.
- **Fase 3**: resultados positivos. Aqui é necessário terminar os últimos 5% da atividade, aprender com as experiências, comemorar e continuar em frente. Equipes complexas frequentemente se dão mal nesse estágio.

Largadas mais velozes

Use eventos de "largada" para lançar um novo projeto ou clarificar os objetivos da equipe. A finalidade da largada é alinhar a equipe a uma nova proposta, proporcionar clareza de objetivos, cultivar o entusiasmo, definir funções, responder a perguntas e estipular quais passos devem ser seguidos primeiro. Você também precisará desenvolver relacionamentos, além de confiar em uma nova equipe ou melhorar ou aprimorar uma equipe já existente após a ocorrência de problemas.

Uma reunião de largada bem organizada é o que de melhor você pode fazer para reduzir o tempo que as equipes levam para concluir projetos e atividades importantes.

Erros comuns no planejamento de largadas incluem:

- O objetivo é o "desenvolvimento da equipe", mas o processo utilizado é baseado no "Cale-se e assista às apresentações".

Não se cultiva o espírito de equipe fazendo as pessoas assistirem a apresentações de slides em uma sala escura.

- Excesso de detalhes a ser absorvido de uma só vez, com pouca oportunidade de discussão e compreensão. É preciso apresentar a informação aos poucos e no tempo ideal para sua discussão e compreensão. Muitas vezes os gestores se esquecem de quanto tempo levaram para preparar uma pauta e compreender determinado assunto. Os membros da equipe têm de alcançar o mesmo nível de compreensão do plano.
- Ir direto aos detalhes antes que o propósito geral fique claro. Certifique-se de que as pessoas entendem o "porquê" antes de abordar o "como".
- Excesso de foco no conteúdo e no processo e pouquíssimo foco nos relacionamentos e na dinâmica da equipe.

Priorize o tempo de contato "cara a cara" durante a largada. Se você tiver apenas uma chance de unificar a equipe ou o projeto no decorrer de seu ciclo de vida, faça-o aqui, onde obterá maior retorno.

MODELO PARA UMA REUNIÃO DE LARGADA

Aqui estão algumas recomendações sobre o que deve ser incluído em uma reunião de largada:

Apresentações

▷ Marque a chegada da equipe para a noite anterior ou dê tempo suficiente para que as pessoas se conheçam antes da reunião.

▷ Organize as pessoas de modo que não formem "panelas". O ideal é que elas circulem e conheçam umas às outras.

Esclareça o propósito

▷ Esta é uma boa oportunidade para envolver algum patrocinador importante ou investidor para enfatizar a relevância da tarefa.

▷ Breve apresentação sobre "o porquê" – dez minutos.

- ▷ Discussão em grupos pequenos para testar o nível de compreensão e revelar preocupações. Escreva quaisquer preocupações em um quadro (*flipchart*) para você ter certeza de que as esclarecerá durante o evento.
- ▷ Cheguem a um consenso e escrevam uma afirmação clara do propósito da equipe.
- ▷ Não se esqueça de refletir sobre "O que eles ganham com isso?" – Por que os membros da equipe vão querer se envolver?

Aprenda com o passado

- ▷ Revise o aprendizado obtido em atividades semelhantes; convide para discursar alguém que já tenha feito algo semelhante.

Funções e primeiros passos

- ▷ Faça com que os participantes trabalhem juntos na definição dos primeiros passos ou planejem a atividade.
- ▷ Os participantes deverão sair da reunião sabendo quais serão suas funções e o que deverão fazer a seguir.
- ▷ Reserve tempo para perguntas e esclarecimentos.

Formas de trabalhar

- ▷ Discuta como as pessoas querem trabalhar juntas, se há quaisquer preocupações, melhores práticas, erros passados comuns, e assim por diante.
- ▷ Para projetos significativos, considere fazer um inventário de abordagens pessoais ou alguma atividade que desenvolva a equipe.

Plano de ação

- ▷ Prepare por escrito um plano de ação com nomes e datas.

Processo

- ▷ Faça uso de pequenas discussões em grupo para proporcionar a todos uma sensação de envolvimento.
- ▷ Mude os grupos constantemente para assegurar que todos os participantes tenham oportunidade de interagir uns com os outros.
- ▷ Planeje pausas regulares, com intervalos não superiores a uma hora. Crie áreas de discussão informal nos intervalos.
- ▷ Desencoraje distrações externas (e-mail e telefone). O ideal é planejar a reunião fora da empresa.

- ▷ Providencie hospedagem para que os membros da equipe passem a noite no local – isso lhes dará tempo de reflexão e desenvolvimento de comunidade em uma atmosfera informal.

Acompanhamento

- ▷ Mantenha o ritmo associando chamadas de acompanhamento e reuniões ao evento de largada.
- ▷ Torne públicos o propósito da equipe e quaisquer conclusões consensuais sobre abordagens de trabalho, ações etc. imediatamente após o evento.

"Nossos eventos de largada para projetos de TI costumavam girar em torno de metodologia de projetos e etapas. Utilizávamos uma metodologia de gestão de projetos que funcionava muito bem. O que nunca arrumamos tempo para discutir foram as questões sobre como trabalhar em conjunto e como superar algumas das barreiras sociais ao progresso. Pensando bem, são essas as coisas que geralmente dão errado!"

GERENTE DE PROJETOS INTERNACIONAIS,
INDÚSTRIA DE SEGUROS

Aumentando os batimentos cardíacos

Em equipes globais ou remotas, é comum que ocorram longos períodos durante os quais as pessoas dão prosseguimento ao trabalho localmente. Durante esses períodos, a norma é trabalhar de acordo com os parâmetros de grupos-estrela. Em adição aos princípios de aceleração do trabalho em grupo, se você precisa que o trabalho em equipe seja bem-sucedido em momentos específicos, será necessário manter o espírito de equipe até mesmo nessa fase remota.

Para realizar tal feito, você terá de encontrar o equilíbrio perfeito entre a velocidade e o cultivo da comunidade e manter o nível certo de comunicação e acessibilidade. Abordarei esses desafios em capítulos posteriores.

Resultados positivos

Até que você chegue ao final das atividades ou projetos da equipe, em geral dispõe de tempo limitado. Ser atencioso significa passar para a próxima atividade, e você já estourou o orçamento. Investir tempo em comemorações e aprendizado parece ser um desperdício.

Aprendemos com as equipes regionais e globais que este é o segundo momento mais importante no qual se deve tentar estabelecer, pessoalmente, contato com a equipe ao longo de seu ciclo de atividades:

- **Para estabelecer um ponto de conclusão claro às atividades**. Em um ambiente acelerado, as equipes podem achar difícil concluir os últimos 5% de uma atividade. Após terem levantado os principais benefícios da atividade, as prioridades mudam, e os membros da equipe podem abandonar os últimos detalhes sem terminá-los. Em alguns casos, isso é irrelevante, mas às vezes é importante completar uma atividade. Ter um objetivo claro em mente, de preferência fazendo uma reunião "cara a cara" com a equipe para apresentar o sucesso obtido, pode proporcionar um enfoque importante para a reta final. Em alguns casos, você precisará dispersar a equipe; em outros, ela seguirá para o próximo desafio.
- **Para celebrar e reconhecer o sucesso**. Em equipes remotas, frequentemente os projetos acabam, na melhor das hipóteses, com um e-mail dizendo "obrigado". Para manter a motivação e disposição da equipe na colaboração de projetos futuros, é importante ter reconhecimento e comemorar o sucesso. Se não é possível encontrar pessoalmente os membros da equipe para fazer isso, então qualquer coisa é melhor que nenhuma comemoração ou reconhecimento. Você pode comemorar oferecendo suvenires como lembrança, presentes ou recompensas locais ou virtuais. Uma equipe de autores da web com

a qual trabalhamos comemorou seu sucesso em um site de caraoquê na internet!

- **Para incorporar o aprendizado na forma como as equipes trabalharão juntas no futuro.** As equipes aprendem com todas as atividades que fazem em conjunto. No entanto, infelizmente, quase nunca compartilham e processam o aprendizado. Na pressa de seguir adiante, arriscam cometer os mesmos erros no projeto seguinte. Em nossa pesquisa com 1.200 pessoas que trabalham em equipes virtuais e remotas, o maior problema identificado por elas foi: "Estamos tão ocupados com o conteúdo do que estamos fazendo que não arrumamos tempo para discutir o processo". Arrume tempo (de preferência em contato "cara a cara") para discutir com sua equipe o que todos aprenderam acerca do processo utilizado para gerir as atividades; o que aprenderam sobre como trabalhar juntos; sobre como vocês devem adaptar os métodos de trabalho à luz de tal aprendizado. Se você continuar incorporando o aprendizado sobre trabalho em conjunto, acelerará o ritmo no qual a equipe iniciará e completará os objetivos na próxima atividade.

Nos capítulos seguintes, mostrarei como elevar essa mentalidade ao próximo nível, por meio da reestruturação de suas reuniões e comunicados, de forma que obtenha o máximo de velocidade e simplicidade.

Como isso vai aumentar a velocidade, a facilidade e a satisfação?

Em geral, grupos-estrela produzem resultados mais rapidamente que equipes-novelo. A escolha do método mais simples de organização reduz o número de conexões e restrições que as pessoas precisarão superar para obter os resultados. Os grupos também são muito mais fáceis e econômicos de gerir, e seus membros acham mais simples trabalhar em conjunto por intermédio do uso de tecnologias da comunicação.

O aumento do tempo disponível nos grupos para conversas pessoais individuais tende a aumentar a motivação e a satisfação com a gestão das linhas de administração e permite que os gestores exijam mais responsabilidade de cada membro por seu desempenho. Os gestores se sentem aliviados ao descobrir que não precisam batalhar o tempo todo para cultivar o espírito de equipe.

Por manter grupos e equipes com o menor tamanho possível, elevamos o nível de compromisso e aceleramos a resolução de problemas relacionados à sobrecarga e coordenação da equipe. Em grupos pequenos, as discussões e tomadas de decisão são mais fáceis de gerir e muito mais agradáveis aos participantes.

Ao utilizar o processo de decaimento da comunidade, você pode acelerar o início de projetos e equipes e obter um ganho de 25% de rapidez na obtenção de resultados.

Colocando este capítulo em prática na sua organização

1. **Tanto hoje quanto no futuro, identifique as áreas em que vocês atuam(atuarão) como equipe-novelo e onde atuam(atuarão) como grupo-estrela.**

Modalidade	**Onde vocês atuam nessa modalidade hoje?**	**Em que áreas vocês deveriam atuar nessa modalidade para atingir velocidade máxima?**
Atuando como **equipe-novelo** na qual todos os membros da equipe estão envolvidos.		

Modalidade	Onde vocês atuam nessa modalidade hoje?	Em que áreas vocês deveriam atuar nessa modalidade para atingir velocidade máxima?
Atuando como equipe-novelo, com **subequipes** (sem que todos estejam envolvidos).		
Atuando como **grupo-estrela**		

Faça uma revisão das respostas com sua "equipe":

- Certifique-se de que você não está utilizando uma estrutura de equipe para atividades apropriadas a um grupo.
- Transfira quaisquer atividades que puder do âmbito da equipe para os grupos. Perceba as vantagens de manter a equipe inteira envolvida.
- Identifique oportunidades específicas para que as subequipes trabalhem em conjunto.
- Seja claro e explícito com a equipe acerca das atividades que serão geridas em equipe, quais serão em grupo e por quê.
- Alinhe suas reuniões e outras formas de comunicação a essa modalidade de atuação (veja os próximos dois capítulos).

2. **Aplique os princípios de velocidade a cada modalidade de atuação.** Uma vez que você escolheu onde atuar como equipe e onde atuar como grupo, preste atenção às estratégias de aceleração para cada forma de trabalhar.

PRINCÍPIOS DE VELOCIDADE

Equipe-novelo

▷ É maravilhoso ser pequeno.

▷ Foque seu tempo de contato cara a cara em assuntos-novelo.

▷ Administre o decaimento da comunidade:
  - Lançamentos e inícios de projetos devem ser mais claros.
  - Faça seu coração bater mais forte durante as fases remotas.
  - Acelere mais o aprendizado e a renovação.

Grupo-estrela

▷ Alinhamento.

▷ Definição clara de funções individuais e prestação de contas.

▷ Preste atenção aos pequenos novelos.

▷ Reuniões cara a cara.

CAPÍTULO 2

Reuniões deploráveis – Intervalos para o café surpreendentemente úteis

Uma segunda forma importante pela qual podemos acelerar a cooperação é com a aplicação do que já aprendemos sobre grupos-estrela e equipes-novelo sobre como trabalhar em conjunto em reuniões. Isso levará a menos reuniões e chamadas a teleconferências, as quais, por sua vez, serão melhores e mais rápidas.

Este capítulo mostra como você pode simplesmente *deixar de lado* várias pautas incluídas em reuniões tradicionais e teleconferências, sem que as habilidades profissionais dos integrantes sofram qualquer impacto negativo. O que precisa ser feito em reuniões pode ser reestruturado de forma radical para melhorar a motivação e a participação. Se você não consegue fazer com que uma reunião se torne participativa, provavelmente não há razão genuína para estar se reunindo.

Pearl é a diretora de vendas da região Nordeste. Ela comanda uma equipe que vende para diferentes setores da indústria por todo o Nordeste dos Estados Unidos. São feitas reuniões mensais na área de vendas, que duram meio dia, nas quais os vendedores se encontram pessoalmente para prestar contas de suas atividades, do progresso comparado às metas e das previsões de vendas.

A maioria dos membros da equipe acha essas reuniões entediantes porque não há nada que se possa fazer com a informação apresentada. Não existe sobreposição de clientes. Cada relatório leva dez minutos para ser exposto, mas, com uma equipe de doze vendedores e algumas perguntas (quase sempre feitas por Pearl), a apresentação chega a durar quase duas horas e meia. Desses 150 minutos, cada vendedor se interessa apenas por dez – pelo próprio relatório.

Pearl apresenta à equipe um relatório empresarial de trinta minutos, que mostra o desempenho geral da organização. Então, como de costume, ela pede a um dos participantes mais envolvidos que diga ao grupo o que aprendeu.

Ramon, um dos vendedores mais experientes, já observou que as reuniões são um desperdício de tempo, mas Pearl acredita realmente que elas são a base do admirável processo de comunicação da empresa. Ramon sabe quão é importante ser visto como um jogador do time, por isso sente que não deve expressar suas opiniões de forma tão explícita.

Os outros acham que, no final das contas, as reuniões valem a pena porque, durante o intervalo, e depois no *happy-hour*, eles fazem coisas importantes como interagir, compartilhar histórias e problemas e trocar ideias sobre novas técnicas. Concordam que a reunião em si é uma perda de tempo – mas todas o são, não é mesmo?

Uma vez por ano, a equipe viaja para uma conferência nacional de vendas, onde cada integrante ouve em silêncio a apresentação feita pelos diretores. Muito pouco do que ouvem é interessante de fato, mas nos intervalos e à noite eles fazem ótimos contatos, brincam com novos produtos, trocam relatos e se divertem até o amanhecer. Todos já estão ansiosos pela reunião do ano que vem.

Setecentas pessoas fazem parte da organização nacional de vendas da empresa. Elas gastam 4.200 dias participando de reuniões de equipe todos os anos e mais setecentos dias na conferência nacional. A maior parte desse tempo tem pouco valor tanto para elas quanto para a empresa.

Em nossa pesquisa em empresas complexas, os gestores nos relatam que passam entre 30% e 50% do tempo em reuniões formais e teleconferências. Quando perguntamos a eles qual a porção do tempo em que sentem que realmente contribuem com a organização, muitos nos dizem que é menos que 50%.

Vários estudos conduzidos nos Estados Unidos desde os anos 1960 revelaram padrões semelhantes. De acordo com esses estudos, a maioria das pessoas está comparecendo a até dez reuniões por semana, o que no total toma cerca de 30% do tempo delas. Os participantes achavam que de 25% a 50% do tempo gasto em reuniões era desperdiçado. Os estudos também mostram uma tendência consistente no aumento do tempo gasto em reuniões e no aumento da insatisfação com a qualidade delas. No entanto, esses mesmos estudos excluem as teleconferências, que são uma fonte adicional de reuniões relativamente recente.

Se formos conservadores e presumirmos que gastamos (apenas) 30% do nosso tempo em reuniões, e que somente 30% é desperdiçado, então isso significa que aproximadamente 10% de nossa equipe de gerência participa, todos os dias, de reuniões desnecessárias. Pode muito bem ser o dobro disso. Quando expliquei essa questão ao diretor nacional de vendas de uma empresa norte-americana de seguros, ele ficou rabiscando e calculando os números de sua organização. Depois parou, levantou-se e exclamou: "Não acredito! Agora mesmo tenho setenta vendedores em reuniões onde não são necessários!".

Todos os homens de negócio que conheço vivem sob a pressão de prazos, custos e força de trabalho. Obter mais 10% a 20% de tempo é um luxo inimaginável. No entanto, ainda arrumamos tempo para ir a reuniões desnecessárias.

Reuniões de baixa qualidade não são uma preocupação restrita apenas a equipes e organizações complexas. Estudos sobre reuniões em organizações nacionais com uma única sede, conduzidos no decorrer de vários anos, revelam altos níveis de insatisfação, cujas causas específicas citadas com maior frequencia incluem:

- Falta de tomada de decisões.
- Falta de preparo.
- Não existe pauta – ou, se existe, esta não está sendo seguida.
- A reunião não começa ou não termina no horário.

Tais preocupações são relativamente simples, e, de modo aparente, poderíamos resolvê-las com bastante facilidade. Por alguma razão, porém, parecemos ser incapazes de dar um jeito em nossas reuniões.

Em minha carreira corporativa gastei muito tempo em reuniões e compareci a cursos sobre como conduzir reuniões e fazer apresentações melhores. Desenvolvi treinamentos para minha empresa que utilizavam gráficos e ferramentas facilitadoras para otimizar as reuniões. Em retrospectiva, percebo que todo o foco estava nas pessoas que conduziam as reuniões ou nos apresentadores.

O que aprendi é que, em geral, a melhor reunião é aquela que não acontece. Aprendi que todo mundo se sente entediado em reuniões e que muito do que fazemos nelas é desnecessário. **A habilidade mais importante na arte de conduzir reuniões é saber o que eliminar da pauta.**

Para os tópicos restantes, é estritamente necessário se afastar do hábito de focar o apresentador/facilitador e direcionar o foco aos participantes. Se não estiverem envolvidos no que acontece na reunião, então nem deveriam estar lá.

Reuniões desaceleram o ritmo das coisas, tornando-as mais complexas de várias maneiras:

- Reuniões desnecessárias gastam recursos que poderiam ser usados em atividades mais importantes. São caras, demoradas de organizar e não prendem a atenção.
- Reuniões estimulam decisões tomadas por comitês. Todos sentem necessidade de contribuir e podem votar na mesma opção em um procedimento. Isso quase sempre leva a contemporizações, o que raramente é uma boa solução para os negócios.
- Reuniões podem impor atraso no processo decisório. Os participantes podem se sentir tentados a esperar para citar os problemas na próxima reunião em vez de fazê-lo imediatamente.
- Mesmo nas melhores reuniões, as pessoas gastam uma parcela significativa de tempo em questões que não as estão fazendo progredir ou que não têm relevância para todos os presentes.

Criando reuniões nas quais você vai querer comparecer

O processo para melhorar reuniões envolve:

- Eliminar da pauta os tópicos de grupos-estrela e enfocar os assuntos-novelo.

- Diminuir a duração da reunião.
- Fazer a reunião visando à participação.

Elimine da pauta os tópicos de grupos-estrela e enfoque os assuntos-novelo

Voltando ao exemplo do início do capítulo, o que Pearl está fazendo em suas reuniões? Sua agenda inclui tópicos que fizeram parte de quase todas as reuniões de equipe às quais compareci ao longo de minha carreira corporativa:

- Relatórios de atividades: o clássico tópico de grupo, relevante apenas ao indivíduo e ao gerente. Só nesse item da agenda as outras dez pessoas se desligam da reunião por uma centena de minutos, o que representa mais de dezesseis horas de esforço desperdiçado por mês. Pearl poderia conseguir o mesmo resultado através de uma série de telefonemas individuais. Isso não lhe tomaria mais tempo e os outros membros do grupo economizariam mais de duzentas horas de tédio e frustração por ano.
- Relatório empresarial: o fornecimento de informações, que é mais uma atividade de grupo. Reunir-se pessoalmente para isso não é um bom investimento. Pearl poderia fazer reuniões virtuais ou teleconferências para este fim. Se quer uma discussão sobre os negócios, ela pode, antes, enviar as informações por e-mail e apenas esclarecer as dúvidas na reunião. De forma alternativa, Pearl poderia aplicar um teste ou jogo baseado nas informações enviadas.
- Melhor prática: poderia haver algo útil para a equipe na transferência de aprendizado, mas esse é um processo ineficiente quando feito em uma reunião. Você precisa se certificar de que as pessoas realmente precisam da nova ideia e se há chance de

esta ser usada. Mais adiante, neste capítulo, proporei um processo mais rápido para gerir relatórios de melhor prática.

- Apresentação de conferência de vendas: quando você reúne a equipe inteira somente uma vez por ano, é tentador pedir que cada diretor da empresa faça uma apresentação. Todos querem ter a chance de fazer uma apresentação à equipe de vendas, mas esta é uma clássica atividade de grupo. O valor de reunir os vendedores no mesmo lugar está em fazê-los interagir, não em fazê-los receber informações de maneira passiva.

Quando eu estava finalizando este capítulo, conduzi uma conferência de vendas para uma equipe global. Convenci um grupo de diretores nervosos a *não* fazer apresentações corporativas ou sobre produtos à equipe de vendas. Os diretores estavam preocupados com que a força de vendas sentisse falta das informações e que tal ausência causasse insatisfação.

Após a conferência, eles obtiveram *feedback* de cada vendedor que estivera presente ao encontro – a conferência fora um grande sucesso e nenhum vendedor fez qualquer pergunta sobre a não apresentação da diretoria. Os diretores ficaram um pouco infelizes por ninguém ter sentido a falta deles, mas satisfeitos com o sucesso da conferência e com a economia do tempo que teria sido gasto no ensaio e na preparação das apresentações canceladas. Também valorizaram a oportunidade de escutar o que os vendedores tinham a dizer em vez de apenas discursar para eles.

A parte formal da conferência nacional de Pearl gastou a maior parcela do tempo em atividades grupais. Tais atividades colocam os vendedores na função de plateia; a diretriz esperada é: "Cale a boca e preste atenção!". Isso não é envolvente, não é interessante e não tem utilidade.

Com que frequência você foi a reuniões, conferências ou sessões de treinamento e acabou dizendo: "A reunião foi ruim, mas valeu a pena porque tivemos algumas ótimas discussões durante os intervalos ou após o término do encontro"? Se isso for verdade no seu caso:

- O que vocês fazem durante as reuniões que as tornam tão chatas?
- Se o que fazem nos intervalos é tão útil, por que não o fazem durante as reuniões?

Nos intervalos, os vendedores de Pearl interagiam entre si, compartilhavam experiências e problemas, brincavam com produtos, trocavam ideias sobre novas técnicas e se divertiam. Todas essas atividades são extremamente valiosas. A manutenção de redes de contatos e de relacionamentos, assim como o compartilhamento do aprendizado, são muito difíceis de ser realizados remotamente, mas aproveitam muito bem o tempo gasto no contato cara a cara. Esses são todos assuntos-novelo que mobilizam e envolvem todo mundo.

Certamente, na maioria das organizações, é impossível obter verba orçamentária para que os funcionários possam interagir, descontrair-se, compartilhar experiências e conhecer melhor uns aos outros. Portanto, você precisa descobrir maneiras de permitir que isso aconteça no decorrer de suas reuniões.

Uma das melhores coisas que você pode fazer para acelerar suas reuniões é desistir das atividades de grupo-estrela quando a reunião exigir a presença física. Em equipes complexas, o tempo cara a cara é muito valioso e dispendioso para ser gasto no que consiste, essencialmente, em uma série de conversas individuais.

Melhores maneiras de gerir assuntos grupais

A melhor maneira de acelerar reuniões de grupos-estrela é não fazê-las de modo nenhum. No entanto, se você sente que realmente precisa fazer reuniões de grupo-estrela, existem maneiras mais rápidas e envolventes de organizar o conteúdo delas. Exemplifico aqui como você pode reformular dois dos maiores inimigos potenciais de tempo: relatórios de atividade e sessões de melhor prática.

RELATÓRIOS DE ATIVIDADE MAIS RÁPIDOS

Pode haver momentos em que você optará por incluir atividades de grupo em sua reunião, objetivando algo específico; por exemplo, quando for importante que uma equipe obtenha uma visão geral do negócio. Frequentemente esse é o caso de equipes de gerência. Você se lembra daquela equipe de gestão para a Emea citada no Capítulo 1? Seus membros gastavam muito tempo em relatórios de atividade.

O presidente de operações para a Emea faz duas reuniões semanais com a diretoria de seu país e com os vice-presidentes setoriais. Nas reuniões, cada diretor fala sobre o que está acontecendo em seu respectivo país. Cada um deles apresenta uma visão geral dos negócios, contrapõe o desempenho com o orçamento e descreve o que seus mercados têm de especial.

O vice-presidente francês demonstra pouquíssimo interesse em assistir a uma longa apresentação sobre a evolução, nos últimos cinco anos, do mercado de operadoras de telefonia no Reino Unido. O que ele quer mesmo fazer é contar as novidades sobre as mudanças no alto escalão de uma grande empresa francesa, algo que deverá ajudar bastante as vendas na França. O diretor regional alemão está ansioso para compartilhar os novos desenvolvimentos de sua estrutura organizacional, mas não está muito interessado nas mudanças estruturais da carteira de clientes dos franceses. Os relatórios regionais interessam apenas ao presidente, ao vice-presidente do país em questão e, às vezes, ao diretor financeiro.

Até que os seis principais vice-presidentes regionais e os quatro diretores setoriais de RH, finanças, rede de fornecimento e marketing terminem de apresentar seus relatórios operacionais, restarão poucas horas de reunião para outras questões. Eles raramente conseguem cobrir todos os itens da pauta e quase sempre postergam a discussão de questões importantes para a próxima reunião. As reuniões se tornam obstruções que atrasam decisões críticas.

Essas reuniões não são vistas como realmente úteis, mas as pessoas acham que vale a pena participar delas porque são a única oportunidade de se encontrarem pessoalmente e de lidarem com alguns assuntos informais de trabalho durante os intervalos, como no café da manhã.

Quando perguntamos aos participantes qual era o verdadeiro valor das reuniões, pudemos reestruturá-las em atividades distintas a equipes-novelo e a grupos-estrela. Os relatórios de atividade são clássicos assuntos grupais. Pouco interessam aos demais participantes, a menos que haja algum impacto direto em suas áreas de atuação.

A equipe sentiu intensamente a necessidade de obter uma visão geral dos negócios, mas isso acabou demorando demais. Simplificamos de forma radical os relatórios de atividade existentes, que antes duravam 45 minutos, e os transformamos em apresentações individuais de três slides, que duram apenas cinco minutos. Os três slides consistiam em:

▷ **Visão geral padrão dos negócios**. Isso mantém a equipe atualizada sobre a situação da empresa e a direção-geral dos negócios. Em vez de deixar todos na dúvida sobre "O que isso quer dizer?" (para os alemães, uma reestruturação da organização; para os franceses, uma mudança feita na carteira de clientes), o escopo do relatório foi estritamente definido, e um formato-padrão a ser seguido, estabelecido. Isso também reduziu o tempo necessário para discussões do tipo "O que isso quer dizer?".

▷ **Resumo do impacto sobre as áreas dos outros participantes**. A equipe realmente precisa ficar sabendo se uma decisão tomada em um lugar afeta outro país ou setor; por exemplo, quando os planos de recrutamento na Itália influenciam o orçamento de recursos humanos.

▷ **Um slide livre para compartilhar algo do qual você se orgulha**. As equipes de gerência têm poucas oportunidades de compartilhar seus sucessos e obter reconhecimento, por isso essa atividade agregou valor aos relatórios dos participantes.

Compartilhar essas três informações leva, em geral, menos que dez minutos por pessoa. Essa única modificação poupou ao presidente, aos seis vices e aos quatro diretores 44 horas mensais. Veremos posteriormente como o tempo economizado foi aproveitado.

O formato de três slides com apresentação de cinco minutos foi incorporado à estrutura das reuniões de tal forma que o velho hábito ruim de compartilhar informações inúteis com os demais pudesse ser evitado.

Com um pouco de raciocínio e criatividade, você pode descobrir várias maneiras de compartilhar informações com maior eficácia e rapidez.

Os membros de determinada equipe de TI que implementa internamente o sistema SAP em uma empresa trabalham, em geral, de forma independente, com áreas claramente definidas para cada indivíduo. Como todos compartilham do mesmo projeto, conduzem toda semana um relatório de projetos por teleconferência.

Embora haja apenas oito membros, suas atividades são tecnicamente complexas e detalhadas. Apresentar um relatório aos outros membros leva pelo menos quinze minutos. A maior parte da informação é interessante do ponto de vista técnico, mas não imprescindível para que os outros executem suas tarefas. Como são engenheiros, com frequência eles têm bons palpites sobre como melhorar as coisas e acabam saindo pela tangente com bate-papos técnicos demorados. As duas horas e meia semanais gastas pela teleconferência representam 7% dos recursos totais do projeto.

O grupo redesenhou o relatório de atividades em torno de um sistema de "semáforos interdependentes". Os integrantes identificaram áreas em que certas atividades afetam outros membros do grupo e bolaram um formato de apresentação que mostra quando as áreas estão verdes (Ok), amarelas (podem causar algum problema) ou vermelhas (já estão causando problemas). Como as interdependências raramente se expandiam pelo grupo inteiro, aglomerados puderam se formar em torno de questões específicas de cor amarela ou vermelha antes da teleconferência.

Durante a teleconferência em si, os participantes ficaram atentos às complicações causadas pelos assuntos vermelhos e amarelos do projeto como um todo. O grupo pode decidir sobre a realocação de recursos, se necessário. Essa modificação reduziu o relatório de projeto a menos de uma hora de duração.

Frequentemente, relatórios de atividade são os maiores ladrões de tempo durante as reuniões. Livrar-se deles, ou pelo menos reduzir de forma drástica o tempo gasto com eles, pode poupar 50% ou mais do tempo gasto pela equipe, disponibilizando mais tempo para lidar com os verdadeiros problemas.

Muitos gestores ficam nervosos perante a ideia de eliminar de suas reuniões habituais os relatórios de atividade. Fazem objeções como as que seguem:

- Gosto quando meus subordinados assistem à apresentação dos relatórios de atividade dos colegas, para que assim saibam quem realmente está se esforçando e descubram se estão trabalhando com o mesmo empenho e eficácia que essas pessoas.
- Preciso que meus subordinados tenham uma visão geral do que está acontecendo na equipe.

Essas são objeções válidas, mas ambas são consequência do relatório de atividade e realizadas a um custo muito alto de tempo desperdiçado. Se houver alguma preocupação relacionada à coordenação ou gestão do desempenho, esta pode ser resolvida com mais facilidade em discussões individuais em vez de em grupo.

SESSÕES DE MELHOR PRÁTICA APRIMORADAS

A ideia por trás dos relatórios de melhor prática é a transferência do aprendizado. Alguém que acredita ter aprendido algo que possa ser útil a outros participantes pode, muitas vezes, querer compartilhar tal conhecimento.

Na minha opinião, a maioria dos relatórios de melhor prática são "ótimas soluções para problemas que eu não tenho". Até mesmo o nome causa certa rejeição. "Melhor prática" sugere que minha solução é melhor que a sua, então cale a boca e preste atenção! Às vezes, a melhor prática vem de fora da equipe, ou de algum especialista de outro setor, ou da matriz da empresa, e nesses casos a antipatia é maior ainda.

As pessoas só estarão dispostas a aprender se houver necessidade e interesse em fazê-lo. Do contrário, os relatórios de melhor prática são um grande desperdício de tempo.

Uma equipe de doze pessoas apresentou relatórios de melhor prática em uma reunião na qual funcionários de RH que vieram do Canadá até o Chile apresentaram suas experiências a colegas que ocupam cargos semelhantes. Mesmo limitando cada apresentação a quinze minutos, isso tomava dos participantes três horas do valioso tempo de contato pessoal, e frequentemente os apresentadores demoraram mais que o planejado. Muitas vezes os participantes tinham dificuldade em pensar em algo que realmente quisessem compartilhar. Apesar de ninguém ver muito valor nisso, o diretor de RH demonstrava muito entusiasmo em estimular a transferência de aprendizado. Membros de equipes assim têm poucas oportunidades de se beneficiar mutuamente de suas experiências. A equipe estava convencida da importância do aprendizado compartilhado, mas todos estavam frustrados com quanto tempo isso levava.

Reestruturamos a reunião em torno de "necessidades e ofertas" e pedimos a cada participante que preparasse um *flipchart* com duas colunas. A primeira coluna representava as "necessidades" – áreas nas quais eles buscavam novas ideias e aprendizado para solucionar problemas que enfrentavam. A segunda coluna representava as "ofertas" – áreas nas quais eles acreditavam já ter ótimas ideias para compartilhar com os colegas. Após esse primeiro estágio, observamos que havia muito mais ofertas que necessidades. Havia muito mais disposição em compartilhar ideias que em pedir ajuda.

Em seguida, pedimos que aqueles que estivessem interessados em alguma oferta se aproximassem do *flipchart* e assinalassem seus itens de maior interesse. Também pedimos que colocassem suas iniciais em quaisquer "necessidades" que pensassem poder ajudar a suprir. Após o segundo estágio, percebemos que havia muito pouco interesse na maioria das ofertas. Apenas uma delas despertou o interesse de mais que uma pessoa. Todavia, várias pessoas achavam que poderiam ajudar a resolver os problemas dos outros!

Pedimos aos que se interessaram por três ofertas que formassem pequenas equipes para discuti-las. Onde apenas uma pessoa demonstrou interesse, a conectamos com o indivíduo que fizera a oferta e pedimos que conversassem pessoalmente sobre o assunto. Anotamos o nome de todos aqueles que tinham disposição em ajudar a solucionar problemas específicos e o tornamos público após a reunião para o caso de alguém precisar da oferta de ajuda. A maior parte das conversas individuais ocorreu fora da reunião, nos intervalos ou por telefone.

Meia hora mais tarde, os relatórios de melhor prática haviam terminado, e, no decorrer desse tempo, apenas aqueles que tiveram algum interesse ou necessidade haviam conversado sobre os assuntos em questão por livre e espontânea vontade. Se contarmos o tempo gasto com preparações, o processo todo durou 45 minutos em vez das três horas que costumava tomar. A satisfação das pessoas com a qualidade e relevância das discussões aumentou significativamente.

Uma objeção comum à retirada de relatórios típicos de grupos-estrela da agenda das equipes-novelo é, "às vezes há algum assunto ali do meu interesse". Quando você elimina vários assuntos, corre o risco de perder alguma informação que poderia lhe ser útil. Esse é um risco que você tem de correr, pois, do contrário, vai desperdiçar muito mais tempo do que tal informação aleatória realmente valeria. Ao conceber as atividades com esmero, você pode minimizar o risco disso acontecer.

DIMINUA A QUANTIDADE DE PARTICIPANTES

Diminuir o máximo possível a quantidade de participantes das reuniões as torna mais simples e acelera o estabelecimento de normas e expectativas para cada sessão. A quantidade de participantes de uma reunião é definida de acordo com o resultado esperado e deve levar em conta o estilo de atuação necessário para atingir esse resultado.

Objetivo da reunião	**Quantidade de participantes**	**Estilo de atuação**
Tomada de decisões, discussão aprofundada e cooperação	Até 6 pessoas	Equipe-novelo
Solucionar problemas abordando o assunto sob várias perspectivas; coordenar atividades complexas	De 6 a 10 pessoas	Grupo-estrela
Apresentar informações e responder às perguntas relacionadas	Acima de 10 pessoas	Grupo extenso – considere métodos alternativos para o contato pessoal

CONCEBA A REUNIÃO VISANDO À PARTICIPAÇÃO

Uma vez que você eliminou ou simplificou sobremaneira quaisquer atividades de grupo-estrela em suas reuniões, restam a ser discutidos apenas os assuntos que realmente se aplicam a equipes-novelo. Chegou a hora de aprimorar o uso do tempo planejado.

Em geral, a discussão de qualquer assunto é mais demorada na sala de reuniões do que em conversas virtuais. Isso pode acontecer por causa da interação não verbal que ocorre no contato cara a cara, algo que estimula a contribuição e reciprocidade dos participantes. Com certeza é muito mais fácil sair pela tangente e começar a discutir assuntos sem relevância, em especial se essas discussões forem muito mais interessantes que o assunto em pauta. Por isso se deve, se possível, deslocar a discussão do assunto em questão da sala de reuniões para o telefone, o que deve muito bem acelerar a troca de informações.

Li a respeito de um diretor-executivo que só faz reuniões em pé. Ele alega que isso as torna breves e focadas. Então, talvez você deva mudar a decoração de sua sala de reuniões utilizando cadeiras desconfortáveis (como supostamente fazem algumas lanchonetes de *fast-food*), de forma que estimule a rotatividade acelerada.

O melhor uso do tempo gasto na sala de reuniões não está nas apresentações em *PowerPoint* nem no consumo de informações, mas na participação e interação pessoal. O inverso também é verdadeiro: se a reunião não for participativa, provavelmente nem é necessária.

Nossa equipe de gerência da Emea utilizava as quatro horas poupadas restringindo o foco dos relatórios de atividade a discussões específicas a equipes com muita interação e participação.

- ▷ Atuar como equipe-novelo – os integrantes das equipes podem dar mais atenção à tomada de decisões conjuntas, como discussão de estratégias, alocação de recursos e desenvolvimento de talentos da alta gerência, todas elas áreas que exigem uma perspectiva regional e onde é preciso que atuem como equipe para ampliar os negócios na Emea.
- ▷ Atuar como equipe pequena – provavelmente a melhor parte das antigas reuniões era o intervalo, quando pequenos grupos de pessoas com interesses em comum podiam interagir por vinte minutos e buscar a solução de algum problema. Agora as reuniões de equipe se dividem em pequenos aglomerados após o almoço, o que permite que os membros se concentrem em áreas nas quais estão pessoalmente envolvidos, livrando os demais integrantes da obrigação de ouvir o que não lhes interessa.

Os maiores benefícios disso são aumento na participação, mais tempo para que a "equipe" possa focar assuntos de importância crítica e reuniões menos frequentes.

Se você decidir fazer uma reunião cara a cara, deve ser porque acha que é necessário interagir ao estilo equipe-novelo para realizar seu objetivo. **Se a interação da equipe não for necessária, em geral também não é necessário se reunir.**

No último capítulo, descrevi algumas áreas nas quais minha própria organização se beneficiou de fato por trabalhar em equipe: comunidade, direção dos negócios, assuntos que envolvem a todos e aprendizado. Depois que compreendi isso, o passo mais importante a ser dado foi fazer apenas atividades do tipo equipe-novelo quando estávamos todos reunidos pessoalmente na sala de reuniões. Nosso tempo em contato pessoal é muito valioso para gastar com relatórios de atividade e assuntos que apenas interessam a alguns membros do grupo.

O que isso significa é que passamos o primeiro dia da reunião cultivando nossa comunidade. Fizemos alguma atividade em conjunto criada para nos aproximar uns dos outros, resolver assuntos pessoais, interceder a favor de outros colegas e relaxar. Não havia agenda formal de negócios a ser seguida.

Na manhã do segundo dia, discutimos os rumos da empresa e outros assuntos gerais. Normalmente fazemos isso em pequenas subequipes antes da reunião para que possamos discutir sobre uma proposta definida, e não sobre meras folhas de papel em branco.

Por volta do meio-dia os assuntos que exigiam o envolvimento de todos começaram a esgotar, então passamos a nos dividir em grupos de trabalho menores, de três ou quatro pessoas, focados em projetos específicos. Passamos a maior parte do restante da reunião nessas subequipes, que raramente apresentam relatórios às outras, exceto quando alguma decisão muito importante deve ser tomada.

Uma prova de quão a maioria das reuniões é entediante vem de uma pesquisa sobre como as pessoas se comportam durante as reuniões. Em 2003, a RoperASW and Tandberg pesquisou 625 profissionais de negócios dos Estados Unidos, do Reino Unido, da Noruega, da Alemanha e de Hong Kong. Foi perguntado a eles o que mais faziam durante as reuniões.

Quando pessoalmente reunidos:

- 55% prestavam plena atenção.
- 5% faziam algum outro trabalho.
- 3% checavam ou escreviam e-mails.
- 1% navegava na internet.
- 15% divagavam.

Os dados referentes a teleconferências eram ainda piores:

- 23% prestavam plena atenção.
- 27% faziam algum outro trabalho.
- 25% checavam ou escreviam e-mails.
- 13% navegavam na internet.
- 13% divagavam.
- O mais preocupante: 8% não estavam totalmente vestidos!

Quão desinteressantes devem ser suas reuniões quando apenas metade das pessoas se importa em prestar atenção! Se isso fosse uma linha de produção industrial, será que nos contentaríamos com 50% de refugo? Mesmo quando as pessoas estão fisicamente presentes, muitas estão mentalmente ausentes. Às vezes, algumas se ausentam fisicamente também!

"Melhorar minhas reuniões acabou me saindo mais caro", disse o diretor de RH de uma empresa do Reino Unido ao reclamar que suas reuniões de equipe em transatlânticos estavam ficando mais caras por aprimorar os processos. "Antes, quando nos concentrávamos em verdadeiros assuntos de equipe, sempre havia dois ou três membros que não conseguiam comparecer às reuniões. Sempre acontecia algum imprevisto, alguma crise na empresa ou alguma reunião mais importante. Em retrospectiva, acho que o que eles estavam querendo me dizer é que as reuniões não eram um bom investimento de tempo, embora sempre tivéssemos uma longa lista de assuntos a discutir. Agora que todos estão empenhados em todos os assuntos, é incrível como todo mundo comparece às reuniões com entusiasmo e satisfação. Isso está me saindo mais caro, mas está valendo a pena!"

Para criar reuniões muito mais interessantes e bem-sucedidas, é necessário, desde o início, projetar a participação na estrutura destas. Para obter o maior benefício do uso de seu tempo, organize reuniões interativas e participativas.

Em geral, as apresentações tomam boa parte das reuniões feitas em sala. Como consistem tipicamente em indivíduos transmitindo informações a uma audiência, apresentações são mais apropriadas ao modo de comunicação de grupos-estrela. Há muito pouco valor agregado em fazer um grupo de pessoas se encontrar pessoalmente para assistir a uma apresentação de informações, e às vezes o esforço colocado na elaboração gráfica dos slides corresponde ao investido na preparação do conteúdo. Reuniões virtuais podem ser uma alternativa mais rápida e barata.

Para valorizar de verdade o tempo de sua equipe, talvez seja necessário apresentar algumas informações que estimulem as discussões e a criatividade. Contudo, isso deve ser minimizado e, quando possível, feito antes da reunião.

Quando meus consultores preparam reuniões, mapeamos o que vamos fazer em cada estágio para adiantar o processo: o que vamos dizer, quais ferramentas iremos utilizar, quanto tempo vamos separar para o trabalho em grupo, e assim por diante. Então, recapitulamos o mesmo exercício do ponto de vista dos participantes e perguntamos: "A essa altura da reunião, o que eles estarão fazendo?". É muito fácil, até mesmo para coordenadores experientes, focar demais o que você mesmo está fazendo e descobrir que outros participantes ficam desempenhando, por longos períodos, a função de "calar a boca e prestar atenção".

Com um pouco de raciocínio e criatividade, você pode conceber reuniões muito mais estimulantes e ao mesmo tempo torná-las mais focadas e eficientes. Se você perceber que há pouco espaço para participação em sua reunião, por que não cancelá-la e enviar um e-mail com sua apresentação anexa?

Tópico	O que vamos fazer?	O que os outros vão fazer?
Que resultado buscamos?		
Que processo seguiremos para atingir esse resultado?		

DICAS DE OURO PARA PREPARAR REUNIÕES PARTICIPATIVAS

- ▷ Rapidamente, faça as pessoas participarem das reuniões do jeito que você quer. Se deseja participação ativa, faça com que comecem alguma atividade nos primeiros três minutos.
- ▷ Envolva os participantes na produção e criação de materiais e ideias em vez de apenas lhes apresentar materiais e ideias preconcebidos. Use adesivos Post-it®, diagramas de parede e outros materiais que eles puderem modificar e adaptar de acordo com os próprios usos.
- ▷ Envolva todos os sentidos. Use cores e música. Incentive o movimento fazendo os participantes andar pela sala e colar anotações nos diagramas.
- ▷ Harmonize a disposição da mobília com o processo da reunião. A configuração tipo sala de aula e o arranjo de mesas em forma de U direcionam toda a atenção para o líder. Mesas redondas e cadeiras dispostas em círculo incentivam a interação em grupo.

Fazendo reuniões muito melhores

Este livro não se propõe a repetir todos os conselhos já publicados sobre como fazer reuniões melhores. As pessoas que treino parecem já saber como conduzir melhor suas reuniões, pelo menos em teoria. O que não conseguem fazer é aplicar na prática o que já sabem.

Aqui vão algumas dicas específicas para a melhoria de reuniões de equipe complexas, que, em geral, são mais variadas e custosas que reuniões tradicionais:

- Use resultados, não itens.
- Reuniões periódicas não prestam.
- Enfrente as cinco características mais frustrantes das reuniões.

USE RESULTADOS, NÃO ITENS

Reuniões são feitas por vários motivos, incluindo:

- Tomar decisões.
- Informar a respeito de decisões já tomadas.
- Obter opiniões sobre decisões que serão tomadas posteriormente.
- Compartilhar informações.
- Solucionar problemas.

Muitas reuniões ocorrem sem qualquer propósito ou pauta. **Se não há pauta a ser seguida, como você sabe se a reunião é realmente necessária**? Prefiro estabelecer o propósito da reunião definindo com clareza o resultado a ser obtido: produziremos informações, decisões ou ideias? A alternativa que normalmente ocorre é fazer uma lista de assuntos sem qualquer noção do objetivo a ser atingido.

Objetivos claramente definidos ajudam a preparar a reunião e a criar expectativas compartilhadas sobre o caminho a ser percorrido até o resultado desejado. Várias pessoas em grupos que não se reúnem com frequência têm ideias divergentes sobre o propósito das reuniões e sobre como estas devem ser conduzidas. Uma definição clara evita eventuais equívocos.

Quando conduzimos reuniões de equipe complexas, sempre começamos definindo com clareza os objetivos desejados, tanto os referentes à reunião em si quanto os relacionados aos itens em pauta. Depois disso, perguntamos: "Que processo implementaremos para chegar aos resultados?". Em geral existe uma contradição entre o processo e os resultados desejados pelo cliente.

Uma grande multinacional de pesquisa e desenvolvimento preparou uma reunião para trezentos funcionários da empresa. Duzentos deles chegariam de avião e todos ficariam hospedados para uma sessão que terminaria tarde. O propósito era promover a integração profissional, um bom objetivo para uma reunião desse porte. Quando perguntamos que processo planejavam utilizar, nos mostraram um plano dividido em seis apresentações de *PowerPoint*, a serem feitas pelos principais membros do conselho administrativo.

Ignorando o fato de que a maior parte da informação era de pouca utilidade para profissionais da área, e que poderia muito bem ser compartilhada por e-mail, havia uma óbvia contradição entre o objetivo de "promover a integração profissional" e o processo resumido ao "calem a boca e prestem atenção!".

Quando chamei a atenção para isso, disseram-me: "Pensamos nisso e faremos uma atividade de sociabilização à noite". Quando descobrimos que a "atividade de sociabilização" era um jantar formal seguido de uma sessão de cinema, resumimos o processo da seguinte maneira:

- ▷ Cale a boca e preste atenção por seis horas.
- ▷ Vá para o seu quarto e envie e-mails por uma hora.
- ▷ Sente-se em silêncio, olhando para a frente em uma sala escura por duas horas.
- ▷ Sente-se com seis colegas, dois dos quais conversarão com você por uma hora.
- ▷ De madrugada, conheça novos colegas de profissão no bar do hotel, se você ainda tiver pique.

O orçamento do evento excedeu 250 mil dólares. Curiosamente, a empresa desestimulou o uso do bar após o evento, e o hotel cobrou o que foi consumido direto dos hóspedes (houve alguns problemas em um evento anterior). Em resumo, a única oportunidade de integração profissional (o objetivo específico da reunião) estava fora da pauta no pouco tempo que restava para o lazer, era desestimulada pela empresa e ainda pesava no bolso dos participantes! Infelizmente, já era muito tarde para que conseguíssemos influenciar a estrutura da reunião, por isso recusamos o contrato.

Se o objetivo é a integração profissional, o processo deve estimular a formação dinâmica de pequenos grupos de discussão. As pessoas devem circular pelo ambiente, descobrir as funções e o nome uns dos outros e identificar interesses comuns. É bom que os dados para contato de cada participante sejam disponibilizados a todos e que eles tenham a liberdade de se reunir em torno de interesses comuns. Uma feira ou exposição de projetos de pesquisa e desenvolvimento, onde os participantes estariam livres para circular e fazer perguntas, seria um formato muito mais apropriado.

É comum nas reuniões do tipo "cale a boca e preste atenção!" os organizadores se sentirem desapontados com a baixa participação, bem como com a reação das pessoas após as apresentações. Se você treina as pessoas para que calem a boca por 45 minutos (ou por seis horas), pode apostar que elas não vão reagir depois.

Certa vez um instrutor me disse: "Se obter uma reação de sua audiência é algo como arrancar um dente, é porque sua apresentação é tão estimulante quanto a sala de espera do dentista".

Faça o processo corresponder ao resultado esperado. Se o objetivo almejado é decidir sobre algo importante, o processo deve incluir:

- Compartilhamento (ou pré-distribuição) da informação necessária para a tomada de decisão.
- Oportunidade para a discussão e esclarecimento de dúvidas.

- Compreensão do processo a ser utilizado para a tomada de decisão: será uma decisão majoritária, um consenso, uma decisão da diretoria ou apenas uma recomendação feita a terceiros?

Se o resultado esperado é informar as pessoas sobre algo importante, então fazer com que se sentem, ouçam e depois esclareçam quaisquer dúvidas é um processo adequado. Contudo, ainda pode ser melhor fazer isso por e-mail.

Para cada item em pauta, você deve sempre perguntar:

- Qual é o resultado esperado?
- Que processo deve ser seguido para chegar lá?
- (Só para ter certeza) Será que esse processo nos levará a tal resultado?

Se você puder responder a essas perguntas, tem uma boa chance de alcançar o objetivo desejado.

REUNIÕES PERIÓDICAS NÃO PRESTAM

Frequentemente somos contatados por empresas para preparar reuniões globais e, em geral, bem em cima da hora elas estão atrás de algum palestrante ou animador de eventos. Com dezenas de participantes confirmados e despesas de viagem e hotel já custeadas, os organizadores ainda não definiram o objetivo da reunião.

Não marque uma reunião para só depois decidir para que serve. Primeiro, certifique-se de que realmente há uma necessidade essencial que justifique a reunião e só então pense em marcar a data.

Em meu primeiro emprego, fiz parte de uma equipe de relações trabalhistas em uma grande indústria. Fazíamos reuniões semanais com os sindicatos. Quando pesquisei a resposta a uma pergunta feita por um dos supervisores, encontrei o fichário com as atas dessas reuniões periódicas.

As reuniões vinham acontecendo regularmente, a cada semana, por mais de 25 anos. Por todo esse tempo "saúde e segurança" fora o item prioritário em pauta. Certas semanas a agenda não estava muito cheia, mas como a reunião estava marcada inventávamos algo para discutir.

Se suas reuniões são periódicas, tente pular uma e veja o que acontece. Se você tem os mesmos itens padronizados a cada reunião, tire-os da pauta na próxima oportunidade. Jamais consegui tirar "saúde e segurança" da pauta, pois os supervisores insistiam que o item era de tal importância que eliminá-lo seria demonstrar desinteresse. Desconfio de que ainda seja o item prioritário em pauta após vinte anos.

Se você tem uma equipe muito ocupada e amplamente distribuída, talvez tenha de marcar reuniões periódicas com bastante antecedência, pois, do contrário, talvez seja impossível encontrar datas em que todos possam comparecer com breve aviso. Essa é a situação de minha equipe, na qual alguns dos consultores têm parte das agendas preenchida com até um ano de antecedência. O melhor a ser feito, nesses casos, é marcar o mínimo possível de datas para que sempre haja algo a ser discutido e não ter medo de cancelar uma reunião quando não há razão para se reunir.

ENFRENTE AS CINCO CARACTERÍSTICAS MAIS FRUSTRANTES DAS REUNIÕES

Quando facilitamos reuniões, constatamos que há problemas comuns que frustram os participantes:

- Ausência de pauta.
- Falta de preparo.
- Falta de um propósito claramente definido.
- Interrupções por celulares ou e-mails.
- Discussões irrelevantes.

Sempre constatamos que os participantes já sabem como resolver esses problemas. Inclusive, eles até mesmo nos explicam como eliminar tais frustrações, mas por algum motivo não se dispõem a fazê-lo.

Recomendamos que você tenha alguém em seu grupo que possa agir como facilitador; não é necessário que seja sempre a mesma pessoa, e cada um pode ter sua vez. O papel de facilitador é mesmo muito difícil: ter de ficar de olho no processo da reunião, especialmente se você estiver muito envolvido com o conteúdo da discussão. Um facilitador externo ao grupo é útil, mas pode não ser prático se as reuniões forem periódicas.

Quando atuamos como facilitadores, sempre perguntamos aos participantes da reunião de que maneira eles pretendem resolver as questões. Etiqueta de reuniões e regras impostas por alguém de fora raramente funcionam. As regras que os participantes vão querer seguir devem vir de dentro do grupo; as regras que um grupo de engenheiros escandinavos preferem seguir são muito diferentes daquelas que agradam a um grupo de vendedores latino-americanos. É um processo de discussão, de explicitação de ideias e de conscientização que soluciona tal problema, e não a forma das regras em si.

Fazemos aos participantes as três perguntas a seguir:

- O que o frustra nesta reunião?
- Como você pretende resolver isso?
- O que o facilitador poderia fazer para ajudar?

Seguem algumas regras utilizadas para lidar com algumas das principais frustrações. Lembre-se de que a escolha de quais delas usar dependerá apenas de você. Se você conseguirá implementá-las ou não dependerá de seu grau de autoridade, da diversidade da equipe e do tipo de organização para a qual trabalha.

Como você pode ver, as regras e a forma de implementá-las podem variar. A longo prazo, somente regras concebidas pelos próprios membros do grupo realmente vão funcionar. Apenas a deliberação sobre o assunto permitirá a você desenvolver regras de conduta para suas reuniões.

O que o frustra nesta reunião?	**Como você pretende resolver isso?**	**O que o facilitador poderia fazer para ajudar?**
Não há pauta	Se nenhuma pauta é apresentada até uma semana antes da reunião, ninguém precisa comparecer a ela (empresa holandesa de bens de consumo)	Cancelar a reunião
	Antes de mais nada, criar uma pauta no início da reunião (editora de Chicago)	Criar a pauta com adesivos Post-it®, monitorar o progresso da reunião
Falta de preparo	Iniciar todas as discussões pressupondo que os participantes já leram todos os materiais relacionados (empresa de engenharia alemã)	Não fazer recapitulações ou revisões àqueles que não se prepararam
	Pressupor que ninguém se preparou e apresentar todos os dados relevantes antes da reunião (agência de propaganda britânica)	Cumprir o horário previsto
Falta de clareza do propósito ou objetivos	Certificar-se de que o propósito está claramente descrito no início de cada item da pauta (banco britânico)	Não permitir que um item seja discutido antes de esclarecer seu propósito e escrever os objetivos em um *flipchart*

O que o frustra nesta reunião?	Como você pretende resolver isso?	O que o facilitador poderia fazer para ajudar?
Interrupções por telefones celulares	Desligar os telefones (empresa química suíça)	Impor alguma penalidade
	Aceitar que os telefones fiquem ligados, mas que sejam mantidos no modo silencioso ou no *vibracall* e se retirar da sala quando receber uma chamada (empresa norte-americana de telefonia móvel)	Lembrar ao participante que ele deve se retirar da sala; causar embaraço ao dono do telefone que tocar com volume alto
Discussões irrelevantes	Chamar a atenção sempre que os participantes se desviarem do foco da reunião	(Isso é difícil para um facilitador externo perceber, pois ele nem sempre saberá discernir o que é realmente relevante) Perguntar ao grupo se ele está divagando

Seguem nossas recomendações para o planejamento de reuniões mais simples, concebidas para lidar com a maior parte dos assuntos de uma equipe-novelo em andamento. Use isso como modelo para desenvolver uma pauta que reflita suas necessidades.

MODELO PARA UMA REUNIÃO EM SALA

Apresentações e tempo comunitário

- ▷ Mesmo as equipes cujos membros se conhecem bem precisam se atualizar. Deve haver tempo suficiente para que as pessoas se reencontrem e liberem quaisquer pressões, em especial no caso de equipes remotas.
- ▷ Use quadros de avisos para que os participantes compartilhem com os colegas o que está acontecendo de bom no trabalho e na vida pessoal (dez minutos).

Pauta

▷ Revise a pauta e seja explícito quanto ao resultado esperado e ao processo a ser utilizado para cada item.

Visão geral dos negócios

▷ Comunique com brevidade quaisquer questões que afetem a equipe como um todo: Como estamos progredindo? Não entre em muitos detalhes – fale apenas sobre o que a equipe realmente precisa saber ou fazer de outra forma (máximo de quinze minutos).

Interdependências

▷ Não compartilhem relatórios de atividade, a menos que os outros participantes possam fazer algo útil com a informação. Se um relatório de atividade realmente for necessário, considere divulgar os detalhes antecipadamente por e-mail ou defina com clareza de que maneira a informação será compartilhada.

▷ Na reunião, preste atenção a assuntos que afetem a todos em vez de atentar para questões individuais. Não se atenha apenas a dizer aos outros o que você tem feito.

▷ Mantenha estrito controle do tempo nessa sessão.

Transferência de aprendizado

▷ Escolha um tema que interesse a todos, como dicas de vendas, por exemplo.

▷ Permita que cada participante tenha sua vez de falar, em sequência: dê trinta segundos para que cada um compartilhe as melhores experiências recentes de aprendizado em áreas específicas (ofertas) ou nas quais precisem de ideias (necessidades). Se houver áreas de interesse comum, os interessados devem combinar de conversar mais tarde, talvez após a reunião.

Funcionamento adequado da equipe

▷ Uma "sessão das miudezas": tudo aquilo que atrapalhou a eficácia da equipe desde a última reunião.

▷ Você também pode fazer um *checkup* da equipe ou dar um teste de dinâmica aos participantes.

Assuntos e decisões imprescindíveis

Revise os assuntos de impacto sobre todos os participantes, como:

- ▷ As decisões a serem tomadas pela equipe.
- ▷ Adesão a novas atividades.
- ▷ Variações orçamentárias que afetem a todos.
- ▷ Grandes mudanças de rumo.

Separar-se em subequipes de foco específico

- ▷ Trabalho em grupo (que apresente relatórios, se necessário) sobre assuntos de interesse a subgrupos internos da equipe.
- ▷ Transferência de experiências de melhor prática em áreas específicas.
- ▷ Trabalho de desenvolvimento.

Recapitule a reunião

- ▷ Discutam se a reunião foi um bom uso do tempo dos participantes.
- ▷ Identifique quaisquer áreas que precisam de melhorias na próxima reunião.
- ▷ Torne públicas as ações tomadas.

Como isso vai aumentar a velocidade, a facilidade e a satisfação?

Se gastarmos (apenas) 30% de nosso tempo nas reuniões, e desse tempo 30% for desperdiçado, então este capítulo pode economizar aos gestores até 10% da força de trabalho e de seu tempo para trabalhar. Em muitas empresas, o potencial de economia chega ao dobro disso. Reuniões mais rápidas significam mais tempo para investir em trabalho produtivo e menos custos atrelados à coordenação e discussões desnecessárias.

Reuniões improdutivas são uma grande fonte de insatisfação. O cancelamento de reuniões desnecessárias produz um efeito positivo na motivação e satisfação dos funcionários, pois assim eles ganham tempo e são poupados do tédio e de um monte de informações irrelevantes.

Reuniões em empresas complexas custam caro: reunir cara a cara uma equipe global de doze pessoas em um só lugar pode custar à empresa mais de 50 mil dólares em despesas, viagens e tempo. Essas caríssimas reuniões cara a cara são uma ferramenta mais bem utilizada com interação e participação dinâmicas, não com aquisição passiva de informações.

Colocando este capítulo em prática na sua organização

Qualquer atividade que melhore a qualidade deve ser iniciada com uma medição. Primeiro, preste atenção ao tempo e ao custo que você gasta em reuniões e teleconferências.

	Por você	**Por sua equipe ou empresa**
Que porcentagem de tempo você gasta em reuniões e teleconferências?		
Em termos percentuais, quanto desse tempo você acha que sua presença é dispensável?		
Ainda em termos percentuais, quanto de seu tempo total esse desperdício ocupa?		
Quantos dias por ano isso representa?		
Quantas pessoas comparecem a uma reunião típica?		
Qual é o desperdício total de tempo se todos pensam como você?		
Se esse padrão for dominante, qual é o desperdício total para sua empresa?		

Na semana que vem, em suas reuniões habituais e teleconferências, leve com você o formulário de avaliação a seguir. Durante as sessões, mantenha um registro de seu nível pessoal de envolvimento, interesse e relevância na reunião. A cada dez minutos, verifique de novo seu nível de envolvimento (alto, médio ou baixo); pondere sobre o porquê do nível constatado.

Quando seu nível de envolvimento na reunião mudar, pergunte-se qual o motivo. Em geral, nos envolvemos mais com assuntos que pessoalmente nos interessam. Pense em como você pode tornar determinado item mais envolvente no futuro. Talvez o assunto não tenha relevância nenhuma, ou talvez seja relevante, mas o processo precise de melhorias.

Observe os outros participantes: seria você o único entediado ou as outras pessoas estariam se sentindo da mesma maneira? Por que você acha que alguns estão envolvidos e outros não?

Por fim, reflita sobre se sua participação em certo item ou discussão é realmente necessária. Se você não tivesse participado da reunião, isso faria alguma diferença para você ou para a organização?

No final da semana, você terá uma boa ideia de quanto tempo gasta em reuniões inadequadas e também saberá onde se empenhar para reduzi-las.

Siga os passos recomendados neste capítulo:

1. Elimine os tópicos de grupos-estrela e enfoque os assuntos-novelo.
2. Aplique melhores maneiras de gerir assuntos em grupo se realmente não puder evitá-los.
3. Diminua a quantidade de participantes.
4. Conceba a reunião visando à participação:
   - Use resultados, não itens.
   - Reuniões periódicas não prestam.
   - Enfrente as cinco características mais frustrantes das reuniões.

Se você proceder dessa forma, suas reuniões serão menos frequentes, mais rápidas, mais focadas e mais agradáveis.

Registro de envolvimento na reunião

Seu nível de envolvimento

Alto						
Médio						
Baixo						
Por quê?						
O que ocasionou a mudança?						
O que, no seu caso, poderia melhorar essa reunião?						
Quem estava envolvido a essa altura?						
Você realmente precisava ter participado? Por quê?						

Tempo ⟶

PARTE 2

Falta de COMUNICAÇÃO? Você deve estar brincando!

CAPÍTULO 3

Há tantas coisas que não preciso saber

Nos primeiros vinte anos de minha carreira, cada curso de treinamento que fiz terminou comigo escrevendo que precisava melhorar a comunicação. Quase todo problema administrativo, ou de equipe, era culpa da falta de comunicação.

Então aprendi que o problema não era a falta de comunicação, mas o excesso dela. Em organizações complexas, as pessoas comparecem a reuniões irrelevantes, ouvem a teleconferências improdutivas e deletam dúzias de e-mails desnecessários todos os dias. A comunicação consome pelo menos 70% do tempo de gestão, e metade disso é desperdiçado.

As tecnologias da comunicação ampliaram sobremaneira nossa habilidade de nos comunicar de forma errônea e nos deram o dom de confundir grupos muito maiores de pessoas distribuídas em uma área muito mais ampla. O fácil acesso a essas tecnologias também aumenta a tentação da microgestão.

Este capítulo mostrará a você como reduzir a quantidade de comunicação desnecessária em sua organização ou equipe de forma dramática. Ao eliminar o que não precisa saber, você pode ganhar tempo para concentrar e aprimorar a qualidade do restante de sua comunicação. Pode aprender a usar as tecnologias da comunicação como ferramentas, antes que elas acabem usando você.

Chegou a hora de assumir o controle de sua comunicação por três grandes motivos:

- **A comunicação é uma grande ladra de tempo.** Hoje, o típico gerente recebe entre 130 e 200 mensagens eletrônicas por dia. Em algumas das empresas mais respeitadas do mundo, levantamentos internos revelaram que mais de 20% de todo o tempo dos funcionários é gasto lidando com e-mails.
- **A comunicação é um grande custo corporativo.** Na maioria das empresas, entre os cinco maiores custos estão os gastos com telefonia celular, que ultrapassaram 35 bilhões de dólares em 2004.

- **O uso de tecnologias existentes está crescendo rapidamente e novas tecnologias ampliarão as alternativas de comunicação.** Trinta por cento dos usuários de internet enviam tanto mensagens instantâneas quanto e-mails. A maioria das funções empresariais de TI ainda não dá suporte a mensagens instantâneas, mas isso é apenas uma questão de tempo.

Se você acha que já recebe mensagens demais hoje, pode apostar que a quantidade dobrará nos próximos três ou quatro anos, a menos que você tome uma providência agora.

Infelizmente, a informação da qual você necessita de verdade para conduzir sua organização se encontra enterrada sob essa montanha de comunicação inútil. Como não dá para deixar de usar essas ferramentas, você deve assumir o controle delas e utilizá-las de forma mais seletiva.

Bill está ocupado. Ele tem uma rotina semanal repleta de eventos de comunicação. Bill deve ser uma pessoa importante porque sua agenda está lotada e em demanda. De fato, ele está tão ocupado se comunicando e se mantendo envolvido que é difícil conseguir fazer qualquer outra coisa.

Bill comparece a duas reuniões por semana, que duram meio dia, com os colegas e a equipe de dez pessoas. Também faz parte de três equipes diferentes que, semanalmente, fazem relatórios por teleconferência, os quais duram sessenta minutos cada. Uma das equipes é global, e seu chefe está em um país com fuso horário diferente, por isso a teleconferência com essa equipe ocorre todas as sexta-feiras, às 19 horas. Eles só se encontram pessoalmente uma vez por trimestre, em uma viajem que dura três dias.

Bill se orgulha de ser muito eficiente com seus e-mails. Ele responde a cada mensagem em menos de 24 horas e se recusa a deixar que sua caixa de entrada fique lotada. Até mesmo encontra tempo para lidar com e-mails durante a noite, mesmo aos domingos, para que encontre uma caixa de entrada vazia pela manhã. No total, Bill gasta aproximadamente 90 minutos por dia lendo e respondendo seus e-mails.

Ele recebe cerca de dez chamadas telefônicas por dia em seus aparelhos fixo e celular; frequentemente recebe mensagens de voz e retorna as ligações quando sobra algum tempo livre. Várias de suas conversas telefônicas são confirmadas posteriormente por um e-mail.

A empresa em que Bill trabalha acaba de investir em tecnologias de vídeo e webconferência para reduzir seus altos custos com viagens. Bill está animado com a possibilidade de poder se comunicar de forma mais livre com os colegas – ele tem certeza de que isso será uma grande melhoria.

Bill trabalha oficialmente 38 horas por semana. A cada semana, vê-se preso em reuniões por 16 horas, em teleconferências por 3 horas, gasta 7,5 horas com os e-mails e mais 7 horas em chamadas telefônicas. Mais de 85% de seu trabalho oficial é gasto em meios de comunicação; de fato, boa parte disso toma seu tempo pessoal.

Em grandes empresas, pode haver dez mil Bills.

Quando as pessoas estão todas em um só lugar, comunicar-se é algo espontâneo, frequente e fácil. Contudo, uma vez que se afastem mais que dez metros, a comunicação espontânea reduz sobremaneira. Se você sair do campo de visão, sairá do campo mental.

Em empresas complexas, a comunicação não é mais natural e espontânea. É necessário um motivo para se comunicar, um plano, e para isso se usa a tecnologia.

Multitarefa: a arte de fazer malfeito várias coisas ao mesmo tempo

Com frequência, a cultura que incentiva a resposta instantânea a e-mails leva as pessoas a perder o contato com o mundo real. Aqueles que fazem cursos de treinamento não conseguem aprender porque seus *smartfones* estão lhes informando constantemente o valor atualizado das ações na bolsa ou o cardápio do refeitório da semana que vem. Nas reuniões os participantes não prestam atenção ao assunto em pauta por causa de uma mensagem de texto enviada por um colega.

Muitas pessoas consideram a habilidade de trabalhar no esquema "multitarefa" uma medalha de honra. Às vezes é necessário fazer várias coisas ao mesmo tempo, mas isso sempre significa fazer várias coisas não muito benfeitas. Raramente se consegue fazer o melhor trabalho sem se concentrar nele.

Responder a mensagens pode produzir uma sensação de progresso. Você chega ao trabalho de manhã e, quando conseguiu lidar com os e-mails, já é meio-dia; faz suas teleconferências rotineiras, dá uma olhada nos e-mails que acabaram de chegar e logo é hora de ir para casa. Você se mantém ocupado o dia inteiro, mas de modo totalmente reativo. A tecnologia cria uma sensação de urgência – as pessoas esperam por uma resposta imediata, mas o assunto pode não ser prioritário. Você deve assumir o controle da comunicação para que ela não controle seu dia.

Assumindo o controle da comunicação

Existem três passos para produzir comunicação mais focada em sua equipe ou organização:

- Diga não às mensagens das quais você não precisa.
- Foque suas mensagens.
- Domine a tecnologia.

Também abordo dois desafios específicos relacionados à comunicação em equipes complexas:

- Comunicação espontânea planejada.
- Acessibilidade – quando ser muito prestativo é uma fraqueza em sua gestão.

DIGA NÃO ÀS MENSAGENS DAS QUAIS VOCÊ NÃO PRECISA

Pesquisas conduzidas sobre frequência de comunicação mostram que equipes que se comunicam muito pouco apresentam problemas de desempenho – mas isso também ocorre com as equipes que se comunicam demais.

Em nossos cursos de treinamento, perguntamos aos participantes sobre apenas uma ferramenta de comunicação: seus e-mails. Invariavelmente a discussão resultante é tempestuosa:

- Eles recebem, em média, 75 e-mails por dia.
- 25% desses e-mails são apagados sem sequer ser lidos.
- 10% contêm informações das quais eles realmente precisam e que exigem providências.
- 65% são e-mails que "um dia podem ser úteis".

Os e-mails que "um dia podem ser úteis" são uma mistura de mensagens enviadas para listas de remessa (pelas quais pessoas recebem atualizações sobre algum assunto ou equipe em especial), mensagens enviadas com cópia para outras pessoas, relatórios sobre vários projetos e reuniões, e assim por diante. Em cada caso, os participantes puderam se lembrar de situações em que tais e-mails foram úteis às suas atividades.

Quando os induzimos a remover seu nome dessas listas de remessa, eles responderam assim:

- "Um dia pode ser que algo útil venha dali."
- "Tenho a obrigação de estar bem informado sobre tudo isso."
- "Posso voltar lá e dar uma olhada se quiser verificar alguma coisa (algo que eu nunca faço)."

A maioria confessou ter um sentimento de culpa quando não confere e lê seus e-mails.

O primeiro passo para melhorar a comunicação é se desvincular desse tipo de mensagem. Elas tomam muito do seu tempo e contêm informações que você não precisa receber.

Dependendo de seu tempo de casa, talvez você consiga influenciar a cultura de e-mails na empresa, na sua equipe ou apenas a sua própria. Isso é o que você pode fazer.

No âmbito da empresa

No âmbito organizacional, encarregue alguém da gestão de e-mails. Uma organização de dez mil pessoas recebendo cada uma cerca de 75 e-mails por dia gera um montante de 170 milhões de e-mails por ano. Colocando isso em perspectiva, se você imprimisse cada e-mail em apenas uma folha de papel (sem contar os anexos), a altura da pilha alcançaria o dobro da altura de um jato comercial.

Apesar disso, em geral é impossível saber quem é o responsável pela cultura de e-mails em uma organização. O departamento de TI se preocupa com volume e armazenamento; o jurídico e o RH se preocupam com o uso apropriado e abuso de conteúdo. Quem é responsável pela qualidade da comunicação e pelo tempo desperdiçado?

Na maioria das empresas a resposta é "todo mundo" – o que significa que ninguém faz nada. No entanto, se um recurso consome 20% de seu tempo de interação, então vale a pena administrá-lo.

No âmbito da equipe

Você pode reduzir a comunicação desnecessária ao aplicar os conceitos funcionais de equipe-novelo e grupo-estrela. Certifique-se de não estar comunicando conteúdo do tipo grupo-estrela, sem necessidade, a outros membros do grupo. O teste deve ser: eles precisam receber isso? Listas de remessa que você usa rotineiramente para repassar informações individuais "por interesse" quase sempre são um desperdício.

A comunicação no padrão grupal assemelha-se, em geral, a uma roda de bicicleta, com várias conexões individuais a partir do centro, onde normalmente está o líder. Esse padrão funciona bem com e-mails e conversas telefônicas individuais. Se você lidera um grupo e sente que é necessário compartilhar alguma informação de forma mais ampla do que no âmbito individual, certifique-se de que há benefício real aos outros participantes. Quando grupos maiores interagem por meio de teleconferências e tecnologias similares, o processo envolve mais a apresentação de informações a uma plateia, sem que ocorram interações dinâmicas.

"Eu tinha um pouco de receio de deletar informações que a equipe me dizia ser úteis. Convenci as pessoas a arquivarem seus relatórios individuais em nossa intranet e depois fiquei de olho na frequência de acesso aos dados por outros membros da equipe. Após três meses, ficou claro que ninguém estava consultando o material, então me senti confiante para determinar que não fosse mais armazenado."

GERENTE DE MARKETING, TELECOMUNICAÇÕES

DIGA NÃO ÀS MENSAGENS DESNECESSÁRIAS EM CINCO PASSOS

Livre-se do desperdício de tempo

- Vasculhe seus e-mails deletados e veja quais deles você tem o hábito de deletar sem abrir. Certifique-se de solicitar o desligamento dessas listas de remessa e bloqueie quaisquer remetentes que não lhe interessem mais.
- Faça o mesmo com os e-mails que você arquiva para ler mais tarde, mas acaba não o fazendo. Se você não tem coragem de bloquear tais listas ou de se desligar delas, então configure seu sistema para autoarquivá-las em alguma pasta onde possa deletá-las mais tarde, sem lê-las ou se sentir culpado.
- Se você ainda não tomou essa providência, instale já um filtro *antispam*. Não solicite o desligamento de listas óbvias de *spam*, pois isso só confirma que você realmente existe e aí você receberá ainda mais e-mails.

Se algo não o compele a agir, então não é necessário

- ▷ Se você recebe muita informação que "um dia pode ser útil", considere desligar-se dessas listas de remessa.
- ▷ A questão crucial é: a informação que "pode ser útil um dia" é importante o bastante para que você a leia eternamente, se necessário? Se a resposta for "não", trate-a como um desperdício de tempo e a desvie para a lista de arquivamento automático.

Se o e-mail não foi enviado direto a você, provavelmente não é necessário

- ▷ E-mails enviados com cópia (Cc) são uma autêntica epidemia. São cópias de e-mails enviadas a qualquer um que talvez possa se interessar. Deixe bem claro a todos em sua equipe que você apenas responderá a e-mails enviados diretamente a você.
- ▷ Configure seu sistema para arquivar automaticamente os Ccs enviados a você. Se isso o fizer se sentir melhor, leia-os mais tarde. É provável que você perceba que não há necessidade de fazê-lo.
- ▷ Os mais corajosos deletam todos os Ccs automaticamente.

Desabilite a função "responder a todos"

- ▷ Talvez isso não seja tecnicamente possível em seu sistema de e-mail, mas, se for, vai ajudá-lo muito. Do contrário, apenas não use tal recurso.

Não superestime a importância da maioria dos e-mails, incluindo os seus.

Duas atitudes práticas que você pode tomar para reduzir a quantidade de e-mails que recebe são:

- ▷ Tome a iniciativa de enviar menos e-mails. Se 50% dos e-mails que você recebe não têm valor prático, pode ser que 50% daqueles que você mesmo envia possuem valor semelhante aos outros. Decida ser mais seletivo com o que envia.
- ▷ Responda a menos e-mails recebidos.

Livrar-se desses e-mails é arriscado porque um dia realmente pode haver algo útil na montanha de lixo eletrônico. Todavia, é um risco que vale a pena encarar. Se o e-mail for urgente, logo alguém deverá contatá-lo de novo. Você terá economizado o tempo de receber, ler, processar e armazenar cinquenta e-mails por dia, o que corresponde a mais de onze mil e-mails por ano. Imagine só o tempo que você leva para processar onze mil e-mails, mesmo que apenas de relance para ver qual é o assunto e em seguida deletar.

As tecnologias da comunicação podem fazer com que os participantes de uma equipe trabalhem como um grupo, limitando-os a fazer perguntas e repassar informações. Equipes pequenas podem conduzir teleconferências razoáveis, operando no modo equipe.

Reúna sua equipe e combinem algumas regras sobre como devem lidar com e-mails, em especial listas de remessa, envios com cópia (Cc) e o recurso "responder a todos".

Um alto executivo que trabalha em um de nossos clientes configurou seu sistema para enviar uma resposta automática aos Ccs enviados a ele. A mensagem diz: "Não sou seu sistema de arquivos. Se você quer que eu saiba ou faça alguma coisa, por favor envie a mensagem diretamente a mim. Todos os e-mails com cópia para mim são deletados automaticamente". Isso por certo reduziu a quantidade de e-mails recebidos com cópia no departamento dele.

"Com frequência nosso administrador solicita à nossa equipe de doze pessoas que compareça a reuniões: 'Quem pode comparecer no dia 23 ou 27?'. Umas nove pessoas respondem a todos na lista: 'Dia 24 é melhor para mim'. Os outros três respondem: '27'. Fiz as contas outro dia. Quando finalmente chegamos a um consenso sobre a data da reunião, já havíamos gerado entre nós mais de quatrocentos e-mails, incluindo os enviados com cópia.

O mais preocupante: um aviso sobre um evento local em nossa filial de Palo Alto foi enviado por engano para uma lista de remessa com todos os funcionários da empresa no mundo inteiro – mais de trinta mil. Dúzias de destinatários, justificadamente indignados com a perda de tempo e o uso irresponsável dos servidores de e-mail, objetaram respondendo a todos. Um alto executivo até respondeu a uma dessas objeções, a todos os envolvidos, dizendo 'Eu concordo'. O sistema de e-mails travou quase o dia inteiro até terminar de processar mais de meio milhão de e-mails."

Angie tirou férias por duas semanas. Em geral, ela recebe sessenta e-mails por dia e se recusa a levar consigo o notebook nas férias. Quando voltou para casa, baixou os e-mails que recebeu enquanto estava ausente. Angie percebeu que, após alguns dias, o número de e-mails recebidos declinou rapidamente – se ela não enviasse tantos e-mails, talvez não recebesse tantos em troca. Ela arquivou os e-mails enviados pelo chefe para lê-los mais tarde e deletou os outros 450 e-mails sem tê-los lido. Quando retornou ao escritório, três de seus colegas haviam enviado e-mails em resposta a assuntos que ainda precisavam de atenção. Os outros 447 e-mails aparentemente haviam se resolvido como em um passe de mágica.

Esta é uma experiência comum a gestores que ficaram vários dias sem contato por e-mail. Se os e-mails não eram urgentes, necessários ou se resolveram sozinhos nas duas semanas em que você esteve de férias, por que seriam tão essenciais durante o restante do ano?

FOQUE SUAS MENSAGENS

À medida que a tecnologia faz com que nos comuniquemos mais rápida e facilmente, arriscamo-nos a reagir de forma irrefletida e investimos tempo insuficiente no planejamento de nossa comunicação. O aumento na frequência e na velocidade da comunicação incorre em risco de perda de concentração tanto do conteúdo quanto dos destinatários. O fato de uma tecnologia estar disponível e ser fácil de usar não significa que seja útil.

Como estagiário da gerência, uma de minhas primeiras tarefas foi o registro periódico das atas das reuniões. A secretária do meu chefe datilografava as atas e enviava uma cópia carbonada para nossos arquivos. Enviávamos o arquivo original aos participantes da reunião com uma lista de remessa no topo da mensagem. Após ler as atas, cada um as reenviava por correio interno ao próximo da lista. O sistema parecia funcionar.

Logo a empresa adquiriu uma copiadora – uma novidade na época. Minha tarefa então passou a ser copiar as atas, fazendo uma cópia para cada participante. A copiadora estava sempre enguiçando e parecia levar uma eternidade para concluir as doze cópias. Pelo menos cada um podia obter e arquivar a própria cópia.

Aí surgiu o e-mail. Em pouco tempo estávamos digitando as atas por meio de softwares de processamento de texto e distribuindo-as eletronicamente. Como esse processo era mais fácil, passamos a enviar cópias aos participantes e aos respectivos chefes. Também passamos a enviar cópias a qualquer um que expressasse algum interesse no assunto da reunião, aos seus respectivos chefes e a nossos colegas que discutem assuntos semelhantes em outros lugares. Vários dos participantes passaram a enviar cópias a seus subordinados. Como se tornou fácil modificar as atas, muitos comentários e pequenas correções, antes dispensáveis, passaram a ser feitos. Desconfio de que as únicas pessoas que realmente liam as atas eram aquelas que haviam comparecido pessoalmente às reuniões.

A tecnologia simplificou tudo, por isso passamos a abusar dela. O aumento massivo na quantidade de informação distribuída não logrou efeito algum na qualidade das reuniões, ou em nossas realizações.

As duas questões essenciais para concentrar suas comunicações:

- O que você planeja realizar com esta comunicação?
- Quem precisa receber esta comunicação?

Quando você planeja se comunicar, deve se concentrar na audiência. Sua comunicação consiste naquilo que o destinatário compreendeu, e não no que você acha que enviou.

Quando foi a última vez que você planejou uma ligação telefônica em vez de pegar o telefone e ligar? Quando você decidir se comunicar, comece sendo claro quanto ao que deseja que o destinatário compreenda, faça ou sinta em resposta à informação. Se você não tiver uma noção clara disso, provavelmente não valerá a pena continuar.

Se existir clareza no propósito da comunicação, então prossiga e considere quem precisa receber a mensagem para buscar tal propósito. Quem realmente precisa receber a mensagem para **tomar a iniciativa ou fazer melhor o seu trabalho**? Se uma informação não produz ação, questione sua real necessidade.

Tenha como meta perguntar a si mesmo as duas questões essenciais apresentadas, antes de pegar o telefone ou de enviar e responder e-mails por apenas um dia. Você enviará menos mensagens e a qualidade daquelas que enviar aumentará sobremaneira. Se você receber mensagens sem foco ou enviadas com cópia, também poderá querer enviar ao remetente uma resposta à altura.

DOMINE A TECNOLOGIA

Há dois aspectos essenciais ao domínio das tecnologias da comunicação:

- Escolha da tecnologia apropriada a cada tarefa.
- Uso eficaz das ferramentas.

Escolha da tecnologia apropriada a cada tarefa

O simples uso do tipo correto de tecnologia pode ajudar a acelerar a comunicação e a focar seu conteúdo. Por exemplo: conversas telefônicas são, em geral, mais curtas que encontros pessoais. Os telefonemas tendem a se concentrar mais nos assuntos em questão enquanto os aspectos sociais de um bate-papo cara a cara podem levá-lo a uma conversa de maior amplitude.

Ao comunicar-se a distância, a ausência desses aspectos sociais pode fazer com que você se sinta afastado e pouco envolvido, mas é vantajosa por tornar a comunicação mais focada e pertinente. Desde que você seja capaz de manter o espírito comunitário na equipe (veja o Capítulo 7), não há desvantagem no uso focado de ferramentas tecnológicas da comunicação.

Estudos sobre comunicação mostram que, mesmo em uma típica conversa cara a cara, apenas uma pequena parcela do significado total da mensagem é obtida por meio de palavras:

- Menos de 10% do significado vem das próprias palavras.
- Entre 10% e 20% vem do tom de voz e de outros sinais verbais.
- Aproximadamente 70% vem de sinais não verbais, como a linguagem corporal.

Uma tecnologia de comunicação "banda estreita" permite apenas que se envie texto – você não tem o benefício (ou a distração) de sinais não verbais e linguagem corporal. Uma tecnologia de comunicação "banda larga" permite a comunicação por todos os sinais que expressam significado. A maneira mais "banda larga" de se comunicar é cara a cara, quando se pode presenciar a linguagem corporal e todos os sinais não verbais.

Você pode escolher a tecnologia mais apropriada, levando em consideração qual deve ser a "largura de banda" necessária para a tarefa a ser executada. Você não esperaria ter de voar para uma reunião apenas para ler um texto, assim como não esperaria receber uma notícia delicada por mensagem de texto, embora às vezes isso aconteça. Uma reportagem de 2003 revelou: "Os 2.500 funcionários do The Accident Group, empresa britânica de assessoria jurídica de lesões e acidentes pessoais, foram demitidos por mensagens de texto".

O uso da tecnologia errada para determinada tarefa pode causar atrasos e ineficiência – por exemplo, o uso de teleconferência para analisar propostas detalhadas ou persistir na troca frustrante de e-mails quando um simples telefonema resolveria a questão.

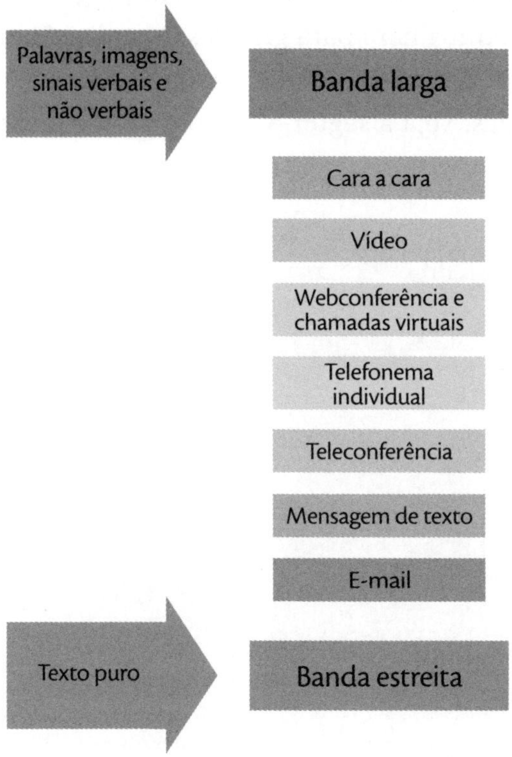

A comunicação cara a cara pode ser mais apropriada para várias tarefas, mas torna-se um recurso escasso quando se trabalha em grupo, remotamente. É necessário ter uma variedade de alternativas. Se fosse possível comparar as tecnologias utilizadas com regularidade em uma escala de largura de banda, obteria-se uma lista como se vê na figura acima (você pode chegar a uma ordem diferente dependendo de como utiliza essas tecnologias com sua equipe). Você pode adicionar facilmente outras tecnologias à figura para compará-las.

No entanto, "banda larga" não é algo necessariamente bom, e "banda estreita" não é necessariamente ruim – depende da aplicação da ferramenta.

Como discernir o bom do mau uso das ferramentas

Em nossos programas de treinamento, experimentamos várias tecnologias para diversas tarefas. Também perguntamos a milhares de gestores que trabalham para grandes organizações multinacionais a opinião deles sobre quais seriam as melhores aplicações para as várias tecnologias. Veja a seguir o que nos responderam:

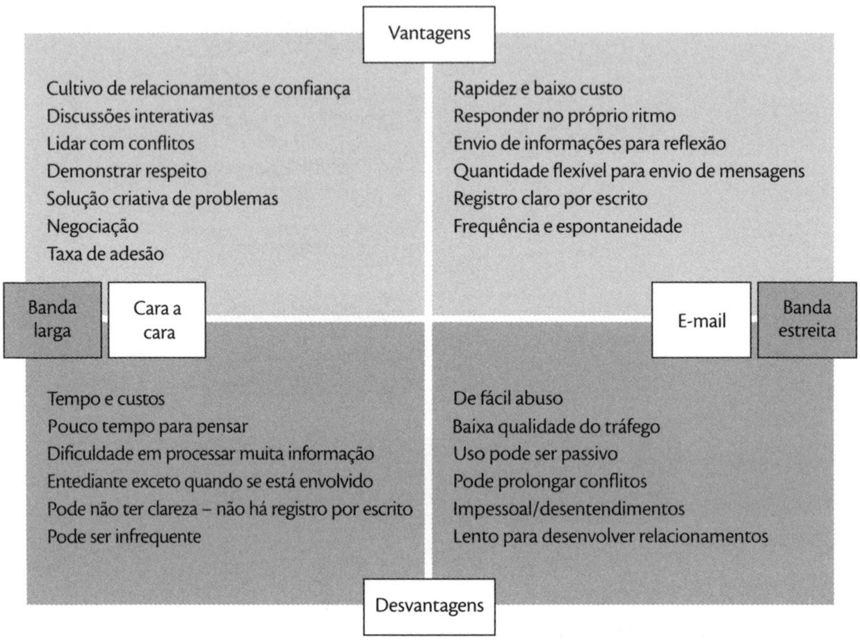

Como constatamos, as vantagens das tecnologias de "banda estreita" são as desvantagens das de "banda larga", e vice-versa. O que temos é um conjunto de tecnologias que podem se complementar se utilizadas corretamente.

Quatro questões essenciais que verificam suas escolhas

Há quatro perguntas que devem ser feitas para verificar se você escolheu a tecnologia correta para cada tarefa:

- **Estou usando meu tempo de contato pessoal "banda larga" nas tarefas apropriadas?**
  Será que estou viajando com o propósito de estreitar relacionamentos, lidar com assuntos delicados e demonstrar respeito com as pessoas de importância fundamental ao sucesso do meu negócio? Ou será que estou comparecendo a reuniões apenas para ver uma pilha de dados e informações, com pouca oportunidade de interação ou progresso? Como o tempo cara a cara é seu recurso mais escasso, certifique-se logo de início de que seu uso esteja sendo apropriado.

Uma de minhas experiências favoritas em reuniões é quando o diretor financeiro projeta na parede uma planilha cheia de dados numéricos. Não é possível ler nada. Ele começa a apresentação com "Sei que vocês não podem ler isso, mas creio que o padrão é claro". Como se pode absorver tanta informação?

- **Estou usando minhas tecnologias de "banda estreita", com base em texto, nas tarefas apropriadas?**
  Será que estou tentando estreitar relacionamentos ou resolver conflitos por e-mail (ou me escondendo atrás dessa ferramenta)? Em muitas organizações, o e-mail pode se tornar um escudo atrás do qual as pessoas dizem coisas que não ousariam dizer cara a cara ou onde se escondem para não ter de lidar com algum problema. Para tratar de assuntos mais delicados, por que não usar o telefone? Faça um inventário de seus e-mails nas últimas duas semanas e verifique se você não está cuidando de assuntos de "banda larga" por intermédio de meios inapropriados de "banda estreita".

Tenho um cliente cuja cultura de e-mails exige que se responda em minutos. Se você não abre sua caixa de entrada por um dia, pode acabar recebendo três ou quatro e-mails adicionais exigindo uma resposta. Eles nunca pensam em usar o telefone. Se você ligar para eles, sua ligação cairá na caixa postal. Eles respondem ao recado de voz por e-mail quase imediatamente, o que deixa claro que usam a secretária eletrônica como mecanismo de filtragem para evitar qualquer contato por voz.

- **Estou combinando tecnologias de forma eficaz?**
  Ao combinar as tecnologias, busque complementar suas vantagens para aumentar a eficácia total de sua comunicação, bem como de seu escasso tempo de "banda larga". Por exemplo, envie informações detalhadas por e-mail e use o tempo das reuniões apenas para discutir problemas específicos ou assuntos que só possam ser discutidos pessoalmente.
- **Estou alternando abordagens de forma eficaz?**
  Ao alternar abordagens de "banda estreita" para "banda larga", à medida que um assunto se torna mais delicado ou possivelmente conflitante, você pode acelerar sua resolução. Quanto mais houver conflitos ou oportunidades para mal-entendidos, maior será sua necessidade de aumentar a "largura de banda".

A força de vendas de uma empresa norte-americana se comunica principalmente por e-mail. Eles tinham um problema com o "pingue-pongue de e-mails", quando os assuntos não estavam sendo resolvidos, mas os e-mails voavam de lá para cá. Os membros da equipe estabeleceram a seguinte regra de alternância: "Quando houver três cores no texto do e-mail, deve ser alternado, no mínimo, a um telefonema, pois é possível que não possa mais ser resolvido por e-mail". O que isso significa é que eles enviam o e-mail inicial em texto preto comum. Se alguém discorda do e-mail de um colega, escreve a réplica em texto azul. Se o remetente original responde ainda em discordância, escreve a tréplica em vermelho. O próximo passo é usar o telefone. Isso evita jogos intermináveis de "pingue-pongue de e-mails" e o uso da ferramenta como escudo para se esconder.

De modo geral, se você não tem bons resultados com as tecnologias de "banda estreita", basta ampliar a "largura de banda" até que a ferramenta que estiver usando comece a funcionar – tente dar um telefonema e, se necessário, faça uma reunião.

Uma vez que houve algum contato "banda larga", em especial uma reunião cara a cara, torna-se possível revertê-lo para uma "banda" mais "estreita" e manter o relacionamento. Nossos participantes alegam que, "Uma vez que você conhece alguém pessoalmente, até mesmo os e-mails melhoram"; afinal, fica mais fácil imaginar o tom de voz, o estilo e a intenção.

COMO USAR AS FERRAMENTAS COM EFICÁCIA

Após escolher as ferramentas corretas para se comunicar, você precisa se certificar de as estar usando corretamente. Para isso, é necessário saber:

- Para que servem as ferramentas.
- Como a tecnologia funciona.
- Como se comunicar melhor.

Para que servem as ferramentas

Novas tecnologias normalmente aparecem como símbolos de *status* para diretores ou amantes de TI. Tornam-se objetos de desejo e logo se popularizam. Mas raramente perguntamos: "Para que essa tecnologia deve ser útil? Como se encaixa em nossa estratégia de comunicação? Como pode ser utilizada com maior eficácia?".

- *Smartfones* com recurso de e-mail continuamente ligado melhoram a comunicação geral ou atrapalham o nível de concentração da organização?

- Você utiliza telefones celulares para contatar alguém ou as pessoas os utilizam para entrar em contato com você?
- As mensagens instantâneas de texto ajudam ou atrapalham?

Todas essas tecnologias podem ser ótimas para você, e até atender a alguma necessidade crucial da empresa, ou talvez não passem de uma distração de alto custo.

A menos que você tenha definido claramente seu objetivo e escolhido a melhor ferramenta para atingi-lo, talvez não saiba qual é seu caso.

Em minha organização dependemos muito do uso de celulares, pois nos permitem manter contato com colegas e clientes onde quer que estejam pelo mundo afora. Também acreditamos que, quando trabalhamos com nossos clientes, devemos dar a eles 100% de nossa atenção, sem nos distrairmos com outras coisas. É por isso que raramente divulgamos o número de nossos celulares. No nosso caso, os celulares nos dão a flexibilidade de nos comunicarmos com aqueles que estão lá fora, não de sermos imediatamente contatados. Somos disciplinados na filtragem de mensagens e nosso tempo de resposta não é segredo nenhum. Nossos clientes apreciam a atenção que dispensamos a eles quando trabalhamos.

Como a tecnologia funciona

Quando surgem novas ferramentas de comunicação, há, muitas vezes, uma barreira tecnológica – por exemplo, as tecnologias antigas de videoconferência eram artificiais e difíceis de usar, ou talvez você ainda não saiba preparar uma webconferência. Essa relutância em aprender novas tecnologias pode retardar, por muitos anos, a aceitação de ferramentas úteis.

Se você acha que uma tecnologia é importante, adote-a de forma disciplinada:

- Divulgue sua disponibilidade e função.
- Faça treinamentos sobre como operá-la.
- Crie (ou decrete) oportunidades para seu uso.

Raramente as pessoas estão cientes das vantagens das tecnologias de comunicação de que dispõem. Você sabe como configurar uma teleconferência no celular, autoarquivar e-mails ou montar uma pesquisa de opinião no NetMeeting? Alguns gestores de grandes empresas que investiram em todas as tecnologias supracitadas admitiram com certo embaraço que sabem usar apenas os recursos mais básicos.

Uma vez que treinou as pessoas nas funções de que necessitam (provavelmente elas não vão precisar de todos os recursos), você deve compeli-las a usar a tecnologia para que vençam a barreira inicial da estranheza. Se elas participaram de uma webconferência ou teleconferência, provavelmente vão querer usar a ferramenta de novo.

A falta de treinamento e disciplina no estágio de adoção de novas tecnologias é, de modo geral, um dos principais fatores do baixo retorno dos investimentos em TI. A maioria das pessoas utiliza planilhas eletrônicas em suas análises, processadores de texto para cartas e relatórios e softwares gráficos para preparar apresentações, mas muito poucas receberam treinamento para o uso dessas ferramentas. Seja treinado no que você já tem antes de adotar algo novo.

Trabalhei para uma organização que promovia internamente a rotatividade de cargos e lá atuei em RH, finanças e administração. Quando você se desloca muito, adquire um leque de ferramentas que funcionam aonde quer que você vá. Um procedimento que sempre me foi útil ao ingressar em um departamento novo é fazer uma auditoria de sistemas e verificar se as pessoas estão treinadas no uso dos sistemas mais importantes.

Esse procedimento nunca foi bem-vindo. As pessoas sempre reclamavam, dizendo: "Já usamos esses sistemas há vários anos". Invariavelmente, quando eu impunha algum treinamento avançado nessas ferramentas, elas descobriam maneiras mais rápidas de executar as tarefas e também funções úteis que desconheciam. Em uma ocasião, conseguimos cancelar uma atualização agendada de sistema de planejamento que custaria 100 mil dólares, ao descobrir que o sistema instalado já dispunha do recurso necessário.

Como se comunicar melhor

Uma vez que você solucionou as questões tecnológicas, restam então as questões de processo – como você utiliza as ferramentas para se comunicar com eficácia.

Pode levar anos para que surja um consenso acerca do uso de novas tecnologias. O e-mail já existe há anos, mas ainda não há uma etiqueta universalmente aceita sobre como utilizá-lo. Algumas convenções estão surgindo, como uso de caixa alta para representar voz alterada, mas não há consenso sobre quando enviar e-mails com cópia, com que rapidez esperar por uma resposta, se deve ser usado em assuntos urgentes, e assim por diante. A menos que você administre o processo de maneira ativa, vai levar pelo menos vinte anos para que etiquetas amplamente aceitas evoluam para as tecnologias hoje introduzidas.

Você precisa se acostumar a fazer perguntas sobre processos. No Capítulo 2 abordei maneiras de regulamentar processos para melhorar reuniões – o princípio para o uso de tecnologias da comunicação é o mesmo. Após uma teleconferência ou reunião virtual, avalie o resultado, identifique quais foram os problemas e o que deve ser feito diferente da próxima vez. Se você fizer avaliações periódicas, logo desenvolverá as próprias regras de processo.

Aqui vão algumas sugestões de quais tecnologias utilizar para uma variedade de tarefas comuns de comunicação. Se você não puder implementá-las por causa de obstáculos orçamentários etc., escolha a próxima tecnologia e/ou frequência que puder usar.

Exemplos de tarefas cruciais de comunicação	Cara a cara	Vídeo	Telefone	Telecon-ferência	E-mail	Frequência mínima sugerida
Reuniões de equipe	Melhor ☺	Ok		Ok	Para orçamento e detalhes	Cara a cara pelo menos duas vezes por ano; outras pelo menos mensalmente
Relatórios periódicos			Para discussões detalhadas		Melhor ☺	Mensalmente ou por outro período combinado
Atualização periódica com indivíduos			Melhor ☺	Ok		Semanalmente ou a cada quinze dias
Atualização periódica com equipe				Melhor ☺		Semanalmente ou a cada quinze dias
Tempo livre disponível	Bom para circular		Melhor ☺			Agende em períodos nos quais os outros saibam que você estará livre
Avaliação retrospectiva de carreira	Melhor ☺					Como requerido, pelo menos anualmente
Lançamento de metas	Melhor ☺					Anualmente ou no lançamento de projetos

Comunicação espontânea planejada

Quando as pessoas se sentam perto de outras, comunicam-se espontaneamente – trocam olhares e começam a bater papo. Quando cessa o contato visual, a comunicação espontânea logo se dissipa. Se você tem de telefonar ou escrever um e-mail, ela desaparece virtualmente. Você perde as muitas interações sociais e os elementos de comunicação que cultivam a comunidade e lubrificam as engrenagens da cooperação. Estes são os momentos do "cafezinho no corredor", breves interações informais tão comuns a equipes que trabalham em um único local.

Existe o risco de você só ligar para os colegas distantes quando precisar de algo ou tiver um problema. Se isso acontecer, na melhor das hipóteses cada elemento de comunicação será neutro e frequentemente negativo. Quando todo contato é neutro ou negativo, a comunicação se torna algo a ser evitado. As pessoas evitam atender às chamadas dos colegas distantes e se acomodam ainda mais nos relacionamentos e nas prioridades locais.

Como a comunicação espontânea é menos provável em organizações remotamente distribuídas, mas ainda é de importância essencial, você não pode deixá-la ao acaso – precisa planejá-la. Comunicação espontânea planejada pode ser um paradoxismo, mas é uma técnica importante.

Quando um novo participante entra na equipe, recebe uma lista com os dados para contato de todos os outros membros. Estimulamos o novo participante a fazer contato com cada pessoa da lista pelo menos uma vez por semana. Explicamos que eles devem se sentir culpados se não conversaram com os colegas nos últimos sete a dez dias.

Após uma semana, perguntamos ao novo participante com quem ele conversou. Em geral, ele falou apenas com as pessoas com as quais se encontrou na primeira semana. O motivo é sempre o mesmo: "Os colegas que conheci já parecem muito ocupados, e acho que não tenho uma boa razão para ligar". Perguntamos toda semana, até ele manter contato regularmente com os colegas. Não precisa ser com todos, pois, uma vez estabelecidos, alguns preferem mais contato que outros. O importante é que uma rede social de contatos seja cultivada desde o início.

Semanalmente os membros de minha equipe tentam conversar, em geral lá para o final da semana, para perguntar como vão as coisas. É legal poder contar piadas, seus sucessos e suas histórias com alguém que compartilha do mesmo tipo de vida que você. O telefonema não tem como objetivo falar de negócios, porém muitas vezes alguém diz "Mas aproveitando o ensejo..." e algo importante vem à tona. Com frequência são assuntos os quais ninguém teria telefonado a você para discutir, mas que, uma vez abertos os canais de comunicação, fluem naturalmente. Isso dá continuidade ao ritmo da comunicação e implica que nem todo contato envolve um requerimento de informação, apoio ou mais trabalho.

Tente planejar algum contato espontâneo com os colegas.

Acessibilidade: quando ser prestativo demais atrapalha

Quando pergutamos a pessoas que trabalham em equipes complexas o que esperam de seus superiores, elas sempre dizem que esperam que eles sejam acessíveis. Ao mesmo tempo, muitos dos gestores que encontramos se sentem culpados por não poder se relacionar cara a cara com os subordinados tanto quanto gostariam. Quando viajam, pagam um preço alto em tempo e despesas de viagem. Outros se sentem à mercê dos celulares e do e-mail desde cedo, até altas horas da noite.

Contudo, acessibilidade não significa estar disponível 24 horas por dia, sete dias por semana. A realidade é que a maioria das pessoas prefere ficar em paz para fazer seu trabalho – desde que possa procurar você quando realmente precisar. Definimos "acessibilidade" em torno das necessidades dos membros da equipe, não das do líder. Apesar disso, muitas vezes encontramos gestores que desmotivam as equipes ao se envolver demais em determinadas questões e causar interferências com muita frequência.

Você perceberá diferenças culturais em quão as pessoas esperam que você se envolva. Em culturas mais hierárquicas, os gestores gostam de ter um envolvimento mais frequente e podem se sentir ofendidos se não os mantivermos informados. Em culturas com hierarquias mais horizontais, passar as decisões "para cima" e pedir ajuda podem ser interpretados como atos de fraqueza. Indivíduos diferentes também podem precisar de níveis maiores ou menores de atenção, dependendo do nível de experiência, motivação e personalidade. Você pode estar incumbido de administrar uma equipe e ter de encarar expectativas que seu antecessor estabeleceu, mas que ainda desconhece. Qualquer que seja sua situação, é essencial que as expectativas sejam *explicitadas* por ambas as partes.

Bob, que você conhecerá no Capítulo 4, trabalha muito e está sempre acessível à sua equipe. Ele aceitou se submeter a um esquema insano de carga horária de trabalho e fracassou no cultivo de capacidades decisórias localizadas. Bob deve ser um controlador obsessivo-compulsivo, ou talvez trabalhe para um. Talvez ele apenas tenha uma equipe preguiçosa ou incompetente. De um jeito ou de outro, Bob não é um modelo exemplar no qual eu queira me espelhar.

Acessibilidade é algo que deve ser razoável também para o gestor. Se houver uma crise de verdade, todos esperamos ajudar a resolvê-la, mas se o desempenho diário do trabalho exigir tal grau de comunicação isso não é sustentável nem sadio.

Reúna-se com sua equipe e discuta com que frequência pretendem se reunir, que tipo de informação esperam compartilhar e o que o termo "acessível" significa para vocês. Não se esqueça de esclarecer a todos o que "acessível" significa para você também. Você não se importa que lhe telefonem em casa à noite? Com que rapidez os outros podem esperar que você responda aos e-mails deles urgentes? É bom que isso seja uma equação de ganho mútuo para os líderes. Quando experimentam esse exercício, muitos descobrem que estão se esforçando para estar presentes mais que o necessário ou além das expectativas das equipes. Sempre aconselhamos aos líderes: "Jamais superestime o valor de sua presença".

Como isso vai aumentar a velocidade, a facilidade e a satisfação?

A redução do montante de comunicação desnecessária permitirá a você economizar tempo e dinheiro – você poderá se concentrar no progresso das atividades em vez de arcar com uma sobrecarga improdutiva. Uma comunicação essencial pode ser transmitida com mais rapidez quando não é soterrada por uma montanha de informações inúteis.

A redução na quantidade de comunicação, seguida do aumento da qualidade, aumentará a clareza, a satisfação no trabalho e a participação dos envolvidos.

Colocando este capítulo em prática na sua organização

1. Comece determinando onde você se encontra agora (veja a página seguinte).

2. Diga não às mensagens das quais não precisa:
   - No âmbito da empresa.
   - No âmbito da equipe.
   - Como pessoa:
     - Livre-se do desperdício de tempo.
     - Se algo não o compele a agir, então não é necessário.
     - Se o e-mail não foi enviado direto a você, provavelmente não é necessário.
     - Desabilite a função "responder a todos".
     - Não superestime a importância da maioria dos e-mails, incluindo os seus.

3. Foque sua mensagem:
   - O que você planeja realizar com esta comunicação?
   - Quem precisa receber esta comunicação?

4. Domine a tecnologia:

   Escolha a tecnologia apropriada para cada tarefa

   - Utilize a escala de "largura de banda" como guia para descobrir as vantagens e desvantagens das tecnologias.
   - Faça as quatro perguntas essenciais.
   - Desenvolva um plano de comunicação integrado baseado nas tecnologias de que dispõe.

   Utilize as ferramentas de forma eficaz

   - Esclareça o propósito das ferramentas.
   - Treine as pessoas no uso das tecnologias.
   - Desenvolva regras de processo para melhorar a comunicação por meio das ferramentas.

5. Planeje suas comunicações espontâneas.

6. Estabeleça expectativas compartilhadas de acessibilidade.

	Quantos você recebe/atende/ envia por dia?	**Quanto tempo você gasta nisso por semana?**	**Qual o montante anual disso?**	**Qual o montante cumulativo disso a todos em sua organização?**
E-mails				
Telefonemas				
Reuniões				
Videoconferências				
Webconferências				
Mensagens instantâneas de texto				
Comunicação cara a cara				
TOTAL				

CAPÍTULO 4

Você tem todo o tempo de que precisa

Por vencerem os problemas de fuso horário, equipes globais enfrentam um obstáculo adicional à comunicação e à cooperação – uma fonte a mais de confusão e atrasos. Se sua equipe ultrapassa limites nacionais, de uma coisa você pode ter certeza: os fusos horários sempre estarão lá.

Este capítulo aborda como empresas complexas podem fazer uso vantajoso da questão do fuso horário, obtendo, assim, uma fonte positiva de aceleração, sem submeter os colaboradores a um expediente de 24 horas. Identificarei de forma específica os desafios e as oportunidades que obtemos ao trabalhar com vários fusos horários, tanto no âmbito de equipe quanto no âmbito pessoal.

Os princípios necessários para descomplicar a questão dos fusos horários são:

- Seja consciente.
- Evite fusos horários sempre que puder.
- É sempre o horário local por aqui.
- Use o tempo que for necessário.
- Isso é uma corrida de revezamento, não uma equipe de remo.
- Reconquiste o tempo com a família e os feriados.
- Compartilhe o sofrimento.

Seja consciente

É imperdoável que os membros de uma equipe global não tenham consciência dos horários locais dos colegas de trabalho, o que é uma tremenda falta de respeito pelo tempo e pela vida pessoal deles.

Talvez você tenha que lidar com um chefe ou colega que esteja em outro país, com fuso horário distinto do nosso, que insista em contatá-lo em horários inconvenientes, sem que haja nenhuma urgência.

O telefone toca no meio da noite, você o atende sonolento e uma voz alegre pergunta: "Boa tarde, como vai você?". Quando você pergunta se a pessoa do outro lado da linha sabe que, no fuso horário do seu país, são 2 horas da manhã, ela diz: "Ah, me desculpe! Mas, aproveitando o ensejo, aquela reunião que teremos no ano que vem...".

Quando isso me acontece, normalmente pergunto qual é o número do telefone da pessoa e prometo retornar a ligação em algumas horas (quando for 2 da manhã no fuso dela). Quando ela reclama, explico que, se o assunto não merece a atenção dela às 2 da manhã, também não merece a minha!

Trabalhar com fuso horário pode forçar uma equipe a se comunicar de forma mais assíncrona – enviando e-mails e mensagens de texto em detrimento de discussões interativas. Quando equipes estão separadas por fusos horários, a separação do expediente de trabalho e a disponibilidade limitada de interação reduzem as oportunidades de atuação no modo equipe.

Um bom modo de fazer com que fusos horários se tornem mais evidentes é instalar um relógio mundial em seu computador, ou na parede, para que as pessoas não percam a noção de realidade. Essa consciência e visibilidade ajudam a evitar equívocos. Se, por exemplo, alguém não responder aos seus e-mails e telefonemas de imediato, pode ser que esteja apenas dormindo e que não tenha a intenção de ignorá-lo.

Evite fusos horários sempre que puder

Para minimizar o impacto de fusos horários sobre sua equipe, organize-a, quando possível, em torno de um local ou região em que os problemas de fuso horário possam ser reduzidos ou eliminados.

Aproveite a oportunidade para concentrar o trabalho no modo grupo-estrela. Dedique seu tempo com a equipe nos períodos de mudança de turno (veja a seguir) e em subequipes situadas em vários lugares. Quando possível, componha suas subequipes com membros que moram na mesma região ou em locais que têm fuso horário que se sobreponham parcialmente.

Você também pode se livrar dos problemas de fuso horário estabelecendo turnos de trabalho coincidentes.

Um centro de becape de dados usado por um escritório britânico de apoio remoto a investimentos bancários fica em Cingapura. A equipe cingapuriana faz seu turno de madrugada para estar disponível durante o expediente de trabalho britânico. Isso elimina o problema do fuso horário e algumas pessoas em Cingapura preferem a flexibilidade de trabalhar durante a noite.

Sempre haverá pessoas que preferirão trabalhar em horários diferenciados, mas provavelmente a maioria delas não tem apreço nem interesse por tal flexibilidade. Se você optar por essa estratégia, não conseguirá atraí-las para sua empresa.

É sempre o horário local aqui

Em minhas pesquisas para este capítulo, descobri vários artigos sobre gestores que atuam sobre vários fusos horários. Em geral, esses relatos descrevem alguém que recebia telefonemas e e-mails e estava disponível desde manhãzinha até tarde da noite. Os artigos retratam essas pessoas como os valentes heróis corporativos da atualidade, que fazem tudo o que for preciso para realizar o trabalho. A história é tipicamente narrada da seguinte forma:

Bob (aquele mencionado no Capítulo 3) levanta-se às 5h30 em Chicago para ler seus e-mails de Moscou e Londres. Após resolver quaisquer urgências, sai para fazer sua caminhada matinal. Às 7h30 ele volta para acordar a esposa com uma xícara de café e levar os filhos para a escola.

No escritório às 8h30, ele enfrenta a primeira teleconferência para resolver problemas com a sucursal da costa oeste dos Estados Unidos. Reuniões e chamadas continuam até as 18 horas, quando ele sai para jantar. Durante a noite, Bob tem por hábito verificar seus e-mails e faz três chamadas por semana para teleconferências na Ásia. Sua chamada para Pequim ocorre quinta-feira às 22 horas no horário de Chicago.

Antes de dormir, ele verifica seus e-mails mais uma vez, para ter certeza de que ninguém precisa dele com urgência. Só então adormece após mais um dia como funcionário indispensável.

Pessoas assim são gestores que não sabem delegar responsabilidades e que trabalham para empresas que montam esquemas de trabalho ridículos.

Do ponto de vista corporativo, a empresa está muito vulnerável. Se Bob for atropelado por um ônibus, a empresa não terá condições de funcionar sem ele. Do ponto de vista individual, as exigências não se sustentam a longo prazo – é provável que Bob logo sucumba ao estresse.

Não estou me referindo aqui à emergência ocasional que qualquer gestor responsável se empenhe até o limite em resolver. Se sua rotina exige que você esteja disponível 24 horas por dia, sete dias por semana, ou o confronta com uma nova crise todos os dias, seu sistema de trabalho não está organizado de maneira apropriada. Uma rotina insana não é a marca registrada de um bom gestor.

No Capítulo 5 você terá acesso a ferramentas práticas que o ajudarão a identificar por que os colegas o contatam em horários inconvenientes; além disso, vai aprender, de forma sistemática, a capacitar melhor seus subordinados para solucionar problemas sem depender de você.

Se houver carência de alguma capacidade essencial em uma de suas regiões, considere supri-la com novos recursos – se for mesmo algo crucial, não pode depender de sua perpétua e constante prontidão. Se a resolução for local, os responsáveis sempre estarão no mesmo fuso horário.

Se houver alguma emergência que só você tenha habilidade ou autonomia para resolver, talvez não possa deixar de estar disponível. Contudo, isso pode ser evidência de que você não treinou seus subordinados o suficiente e de que é controlador ao extremo para delegar responsabilidades!

Use o tempo que for necessário

A maior oportunidade de acelerar a produção ao transpor vários fusos horários está na possibilidade de trabalhar de forma contínua 24 horas por dia. Em uma equipe global, você possui, literalmente, todo tempo do mundo.

Uma empresa indiana oferece assistência técnica em TI para companhias da Califórnia. Os norte-americanos percebem um problema às 17 horas da segunda-feira. Ainda é cedo na manhã de terça-feira em Bangalore, por isso os engenheiros indianos têm até quinze horas para resolver o problema antes que a Califórnia desperte de novo.

A mesma empresa indiana percebe que, no período em que é simultaneamente dia na Índia e noite nos Estados Unidos, há capacidade computacional ociosa na Califórnia. A organização aproveita para contratar o uso dos computadores norte-americanos enquanto estão ociosos em vez de comprar máquinas novas na Índia.

Se você for organizado, pode tirar proveito dos fusos horários para acelerar a produção, com custos mais baixos (às vezes contratando mão de obra mais barata ou, pelo menos, evitando pagar horas extras). Também pode dar atenção 24 horas a clientes e colegas.

Isso é uma corrida de revezamento, não uma equipe de remo

O trabalho de equipes que operam com grandes diferenças de fuso horário é mais bem comparado a corridas de revezamento em vez de a algum esporte como o remo, no qual todos dependem simultaneamente uns dos outros o tempo todo. Há períodos de independência em cada região, assim como oportunidades de maior interdependência e cooperação durante as trocas de turno e nos períodos em que os fusos horários se sobrepõem.

Operações de manufatura utilizam, em geral, um esquema de turnos para se manter em atividade 24 horas por dia. As indústrias se concentram em duas estratégias cruciais para realizar mudanças de turno suaves e ininterruptas:

- **Processos compartilhados**. Se uma metodologia, especificação ou forma de operação do equipamento não foi estabelecida, então muito tempo está sendo desperdiçado com ajustes de processo no início de cada turno. Um processo compartilhado permite uma transição mais rápida.
- **Comunicação na mudança de turnos**. Normalmente há um processo formal de troca de turnos seguido por cada operador de máquinas e cada gerente de turnos. Espera-se que algumas funções essenciais, como a gestão de turnos e a manutenção de equipamentos, sejam mantidas até a primeira hora do próximo turno para que haja continuidade.

Esse enfoque na consistência de processos e na comunicação na mudança de turnos é crucial para equipes que trabalham com vários fusos horários. Se você precisa se organizar globalmente, considere empregar equipes "madrugadoras", nas quais o trabalho acompanha o percurso do sol e é repassado de uma região à outra, em vez de exigir que todos aqueles que estão em fusos horários distintos se comuniquem ao mesmo tempo.

O desafio da comunicação assíncrona pode causar atrasos. Se você enviar um e-mail e receber uma resposta, ainda poderá precisar de mais informação ou esclarecimentos adicionais. Se você fizer isso transpondo fusos horários, seu segundo e-mail poderá requerer uma espera de 24 horas até ser respondido. É melhor usar o telefone ou outra ferramenta operada em tempo real, como mensagens instantâneas de texto, para discussões de troca de turnos.

Reconquiste o tempo com a família e os feriados

Discuta e combine com sua equipe quais regras serão respeitadas quanto à acessibilidade fora do horário de expediente. Procure evitar a tentação de ser um super-herói – ninguém gosta de ser solicitado em casa ou durante os feriados, mesmo que isso se tenha tornado habitual.

Em minha equipe viajamos muito. Quando estou longe de casa e passando a noite em um hotel, fico feliz em atender às chamadas – é melhor do que ler um livro no quarto. Meus colaboradores de equipe têm acesso à minha agenda e ficam à vontade para me ligar, mesmo que apenas para pôr o papo em dia. Quando estamos em casa, no entanto, nenhum de nós gosta de ser interrompido à noite, a menos que seja algo urgente. Essa não é uma regra previamente planejada, mas emergiu como uma boa prática.

Algumas tecnologias permitem que se informe sobre a disponibilidade – por exemplo, softwares de mensagens instantâneas que indicam se o usuário está on-line ou não. Esses programas podem ser úteis para que equipes que trabalham com fusos horários determinem quem pode ser contatado em dado momento.

Compartilhe o sofrimento

Enquanto a troca de turnos com fusos horários de *A* para *B*, de *B* para *C* e de *C* novamente para *A* pode ser providenciada sem muito problema fora do expediente, não há boa hora para que uma equipe global faça teleconferências – alguém sempre sofrerá.

Recentemente tentei marcar uma teleconferência com uma equipe presente em Cingapura, Londres e San Diego. Às 17 horas em Londres é meia-noite em Cingapura e 9 horas em San Diego. Às 9 horas em Cingapura são 2 horas em Londres e 18 horas em San Diego. Não importa o que eu faça, um escritório sempre vai participar da reunião no meio da noite.

Muitas empresas decidem marcar teleconferências em um horário conveniente para a maioria enquanto outras escolhem horários convenientes para a diretoria. Algumas pessoas nem sequer consideram outros fusos horários e marcam as teleconferências quando é convenientes para elas.

Uma empresa de software da costa oeste dos Estados Unidos marcou uma teleconferência de rotina para as 16 horas da sexta-feira, bem no término da semana. Para os colegas britânicos era meia-noite de sexta-feira, e os colegas asiáticos tiveram de fazer sua chamada às 7 horas do sábado. Tratava-se de uma teleconferência semanal supostamente obrigatória, mas havia vários motivos urgentes pelos quais as pessoas não podiam comparecer!

Se você realmente não puder evitar teleconferências que possam ter problemas de fuso horário:

- Esteja ciente do que está fazendo e peça desculpas – a pior coisa é se impor sobre o tempo livre das pessoas sem ter consciência do que faz.
- Encurte as chamadas.
- Compartilhe o sofrimento – pode ser mais prático marcar as teleconferências em horários convenientes para a maioria, porém, se de vez em quando você alternar o horário para que seja mais conveniente para os outros, eles vão apreciar muito e você vai descobrir como é participar de uma reunião no meio da noite. É comum que as pessoas questionem sobre a

necessidade dessas reuniões inconvenientes, uma vez que tenham sentido a dor de participar delas na própria pele. Se não vale a pena interromper sua privacidade no meio da noite ou nos finais de semana, pode ter certeza de que a recíproca é verdadeira para seus colegas.

Não se esqueça de que efeitos semelhantes de "fuso horário" podem ocorrer por causa de períodos de férias e finais de semana distintos. O fim de semana pode significar sábado e domingo em países de cultura cristã, sextas e sábados – ou às vezes quintas e sextas – em culturas islâmicas, ou sextas e sábados em Israel. Em equipes que incluem o Oriente Médio pode ocorrer que todos trabalhem, simultaneamente, apenas de segunda a quarta (e, se você for gestor nessa região, alguém está trabalhando em algum lugar todos os dias). Qualquer pessoa que tenha organizado reuniões para equipes globais sabe que há feriados nacionais quase todas as semanas do ano.

Em maio de 2005, pediram-me que organizasse uma reunião de grande porte para uma equipe global. Eis o que descobri:

Data / Feriados

1 Dia do Trabalho na China, na Coreia, na Índia, no México, na Alemanha, na França e em muitos outros países.
2 Dia de Maio na Grã-Bretanha; segunda-feira de Páscoa na tradição ortodoxa grega.
3 Dia da Constituição no Japão e na Polônia.
4 Feriado nacional no Japão.
5 Dia da Criança no Japão e na Coreia; Cinco de Maio no México.
6 Dia dos Mártires na Síria e no Líbano.
8 Dia VE (Vitória na Europa) na França.
11 Dia da Memória em Israel.
14 Dia da Independência em Israel.
15 Aniversário de Buda na Coreia.

16 Segunda-feira de Pentecostes na Alemanha e na França.
19 Dia da Memória de Atatürk na Turquia.
22 Aniversário de Buda na Malásia e na Tailândia.
26 *Corpus Christi* no Brasil.
27 Lag B'Omer em Israel.
30 Dia da Memória nos Estados Unidos; feriado bancário de primavera na Grã-Bretanha.

Se você tentar coordenar atividades na França em agosto, desde o Dia de Ação de Graças até o fim do ano nos Estados Unidos ou durante a estação de caça a alces na Finlândia, o comparecimento às suas chamadas e reuniões será limitado.

Se você é gestor de uma equipe global, deve promover a conscientização dessas limitações. Se você está consciente delas e busca ser flexível, vai merecer o direito de eventualmente pedir aos subordinados que se submetam a participar de reuniões e chamadas inconvenientes. No entanto, se você o fizer o tempo todo, sem se dar conta, só provocará ressentimentos.

Como isso vai aumentar a velocidade, a facilidade e a satisfação?

Organizar a agenda a fim de respeitar os limites dos fusos horários e aproveitar as oportunidades de 24 horas de trabalho contínuo podem aumentar a velocidade, a facilidade e a satisfação geral.

A habilidade de perpetuar o trabalho diário até 24 horas pode proporcionar uma imensa vantagem de velocidade em comparação às operações tradicionais de oito horas por dia. Por concentrar-se nas trocas de turno e na localização regional de atividades, você poderá minimizar as dificuldades e complexidades causadas pelos fusos horários.

Ao eliminar as impopulares teleconferências e interrupções inconvenientes no meio da noite, você poderá reconquistar um pouco de tempo livre, tanto para si quanto para os colegas, e aumentar muito o índice de satisfação com o trabalho.

Colocando este capítulo em prática na sua organização

1. Seja consciente – invista em um relógio de horário mundial para seu computador ou sua parede.
2. Evite fusos horários sempre que puder – organize atividades localmente ou execute-as em fusos horários que se sobreponham de forma parcial.
3. É sempre o horário aqui – faça-o localmente.
4. Use o tempo que for necessário – explore os benefícios do acesso a recursos 24 horas por dia.
5. Isso é uma corrida de revezamento, não uma equipe de remo – concentre-se nos repasses de um fuso horário a outro. Minimize o trabalho que exija atenção global simultânea.
6. Reconquiste o tempo com a família e os feriados.
7. Compartilhe o sofrimento – alterne o horário de chamadas inconvenientes.

PARTE 3

CONTROLE – um dedo no pulso, não um estrangulamento

CAPÍTULO 5

Rompendo a cadeia de comando

Empresas precisam exercer controle para estar seguras de sua eficiência, legalidade e previsibilidade. Controlar demais, porém, em especial a partir do centro da organização, pode desacelerar os negócios e minar a responsabilidade local.

Este capítulo mostra como se distanciar do centro e estabelecer capacidades locais para executar o trabalho com mais rapidez. Se ter controle realmente importa, por que você escolheria fazê-lo com atrasos e longe das trincheiras? É mister também romper o danoso ciclo de microadministração e da falta de autonomia gerencial causados pelas técnicas convencionais de gestão hierárquica.

Empresas tradicionais herdaram seu conceito de controle das forças armadas. Quando os pioneiros da indústria contrataram mão de obra não especializada e começaram a produzir em massa, desenvolveram sistemas que fracionavam o trabalho em pequenos passos rigorosamente controlados e supervisionados. Supervisores e superintendentes inspecionavam de forma estreita o trabalho dos subordinados. Chamavam isso de "cadeia de comando" por um motivo: foi concebido para impedir que funcionários se rebelassem e tomassem as próprias decisões.

À medida que as organizações cresciam, tornaram-se mais sofisticadas, com escritórios centrais e profissionais especializados para lidar com a complexidade. Todas as funções desenvolveram regras e controles para assegurar que instruções estavam sendo seguidas. Em organizações de grande porte, não foi mais possível gerir por meio de relacionamentos, e a confiança foi substituída por regras e controles.

O controle centralizado é moroso, caro e impopular

A atitude de controlar é herança de um passado mais simples, que se perpetua até hoje, onde organizações e funcionários são muito mais capacitados, complexos e diversificados. Nos dias atuais, essa atitude causa atrasos desnecessários, dispêndios e insatisfação por três principais motivos:

- **Para centralizar o controle do trabalho você precisa compreendê-lo de forma central, mas o mundo é um lugar muito complexo.** Infelizmente, ninguém é inteligente o bastante, seja em que empresa for, para compreender todos os problemas administrativos, todas as questões técnicas e todos os assuntos operacionais e culturais que afetam a empresa ao redor do mundo. Se você tentar controlar tudo detalhadamente, a partir do centro de sua complexa empresa, vai precisar de um quadro administrativo imenso e diversificado, bem como de um generoso orçamento para viagens. Se você não tiver conhecimento de alta qualidade no centro, provavelmente tomará péssimas decisões de lá.
- **Elevar as decisões ao centro sempre causará atrasos e custos adicionais.** Leva tempo fazer a chamada ou, pior, preencher o formulário. Problemas encaminhados ao centro com frequência são de alta prioridade nos locais de origem, mas centralmente de baixa prioridade, por isso podem entrar em uma longa fila de espera. Decisões locais são muito mais rápidas. Um estafe especializado pode desenvolver propostas mais detalhadas e bem concebidas, mas às vezes é preferível aquilo que for mais simples e rápido.

"Temos uma operação mexicana de 35 milhões de euros que precisa ser gerida de forma mais local. Os diretores têm o hábito de envolver a matriz nas decisões operacionais e às vezes paralisam as operações enquanto esperam por uma decisão. Com a diferença entre os fusos horários, isso significa que tenho de estar disponível o tempo todo. Se eu não estiver, a produção pode ficar parada por horas a fio.

Decisões locais mais ágeis e maior autonomia gerencial nos economizariam até duas semanas de interrupções indesejadas por ano e melhorariam o desempenho do fornecimento aos clientes. Isso equivaleria a aproximadamente 1 milhão de euros por ano."

Gerente de operações, indústria química

- **As pessoas preferem e esperam ter mais autonomia.** Atualmente, os profissionais são mais bem formados, mais diversificados e mais habilidosos. Hoje, a natureza do trabalho depende mais do conhecimento que da habilidade de seguir de forma automática um processo. As pessoas mais requisitadas no mercado de trabalho esperam ter maior envolvimento e autonomia.

Como parte de nossa pesquisa, pedimos a mais de 2.500 gestores de equipes internacionais, atuantes em várias organizações globais, que escolhessem se preferem ter controle centralizado ou autonomia local (veja o gráfico).

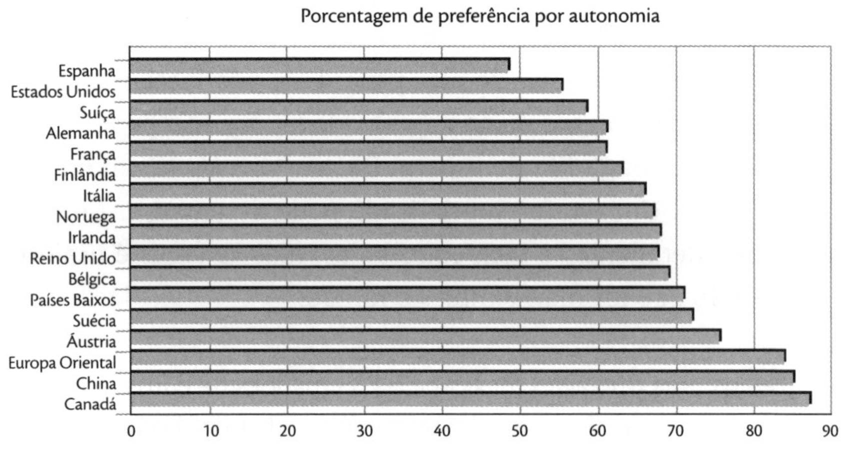

Ao redor do mundo, a maioria das pessoas prefere a autonomia. O percentual mais alto a favor do controle foi 50% na Espanha. Estados Unidos e Suíça demonstram uma preferência relativa por controle mais alta que muitos outros países. No outro extremo da escala, aproximadamente 90% dos entrevistados canadenses e chineses preferem a autonomia local ao controle centralizado.

Contemplamos então uma equação de ganho mútuo para a gestão de organizações globais complexas: pessoas de melhor formação e habilidade em busca de mais poder de decisão e dispostas a aceitar níveis mais elevados de autogestão e autonomia. No entanto, você não conseguirá implementar essa equação de ganho mútuo se continuar gerindo seu estafe de forma muito meticulosa e controladora.

Consultamos gestores de equipes remotas sobre suas atitudes em relação à gestão a distância:

Perguntamos aos gestores	Eles responderam
"Como seus subordinados se sentem quando vocês estão longe?"	Achamos que as pessoas se sentem isoladas; que o chefe não tem tempo para elas; sentem-se esquecidas e às vezes solitárias.
"O que você sente quando seu chefe está longe de você?"	Fantástico! Ninguém a nos vigiar; estamos livres para prosseguir com nosso trabalho.

Que lição isso nos ensina? De novo, não superestime o valor de sua presença. A maioria das pessoas prefere ser deixada em paz para dar continuidade a seu trabalho, desde que você esteja disponível quando for preciso.

O enfoque deste livro é acelerar pessoas, projetos e equipes – mas encontrar o equilíbrio certo entre controle central e autonomia local no âmbito corporativo também é um dos maiores desafios estratégicos. Você deve centralizar ou descentralizar? As decisões tomadas nessa área permeiam a estratégia e a estrutura da organização, impactando o comportamento das equipes.

Na última década, a globalização e as tecnologias da informação produziram níveis muito elevados de integração nas grandes empresas. Isso, muitas vezes, coincidiu com condições comerciais difíceis e ocasionalmente com uma certa desconfiança no que diz respeito às competências locais. Hoje enfrentamos um legado de centralização que está freando o desempenho das empresas e dificultando sua administração. Creio que precisamos rever a questão do equilíbrio e perceber que a confiança nas habilidades administrativas dos funcionários de cada filial é essencial para, nesse ambiente tão novo e complexo, encontrarmos o equilíbrio ideal.

Encontrando o equilíbrio ideal

Proponho quatro princípios simples para encontrar e manter o equilíbrio ideal:

- Concentre-se nos controles da linha-d'água.
- Exerça o controle próximo às trincheiras.
- Cultive constantemente as capacidades locais.
- Tenha menos regras e mais responsabilidade.

CONCENTRE-SE NOS CONTROLES DA LINHA-D'ÁGUA

Pessoas que têm experiência de gestão em ambientes fechados, onde interagem cara a cara com os subordinados, acostumaram-se a gerir com alto grau de controle, frequentemente exercido de modo informal ao caminhar pelo escritório. Quando esses gestores se tornam responsáveis por atividades em locais distantes, sentem-se desconfortáveis com o baixo grau de conhecimento e envolvimento com o que se passa remotamente. Muitos gestores compensam essa insegurança fazendo viagens mais frequentes às sucursais ou introduzindo relatórios minuciosos e controles mais severos.

Em nossos treinamentos, incentivamos que as equipes se concentrem nos controles essenciais e que sejam bem claras quanto ao grau de controle de que realmente precisam. Para ajudá-las a diagnosticar o equilíbrio ideal entre controle e autonomia, usamos a metáfora da linha-d'água: a linha traçada ao longo do casco de um navio que indica até onde a superfície da água deve atingir quando a embarcação transporta seu peso normal de carga. Se houver uma ruptura no casco acima da linha-d'água, é importante vedá-la. Se o capitão tiver confiança na tripulação, pode ficar razoavelmente tranquilo, pois a ruptura não afundará o navio. No entanto, se houver uma ruptura abaixo da linha-d'água, a situação é consideravelmente mais séria. O capitão precisa assegurar que a tripulação a vedará de imediato – aqui qualquer deslize afundará o navio.

A linha-d'água representa um limite após o qual o risco aumenta de forma mais clara. Expandindo a analogia: se a tripulação for inexperiente, se a carga for particularmente pesada ou se o mar estiver bravio, então a linha-d'água – o limite após o qual errar é gravíssimo – deve ser ajustada para cima.

Comece definindo com clareza quais são as questões limítrofes enfrentadas por sua equipe. O que "afundará o navio" se algo der errado? Quais informações o capitão precisa saber para navegar com segurança e eficácia?

Ao gerir equipes complexas, você deve ajustar sua linha-d'água de acordo com os níveis de experiência e condições econômicas. **É até mesmo mais importante diminuir a linha-d'água enquanto puder do que elevá-la quando estiver sob pressão.** Muitas empresas impõem controles mais rígidos durante as crises econômicas, mas se esquecem de abrandá-los quando os negócios se recuperam ou quando a equipe demonstra mais aptidão. O excesso de controle se torna uma forca que aperta cada vez mais e nunca afrouxa, estrangulando, por fim, a organização. Habitue-se a discutir explicitamente com seus subordinados sobre o nível exato da linha-d'água em sua organização.

O diretor de uma equipe internacional de consultoria assistiu ao noticiário na televisão sobre uma doença altamente contagiosa que se alastrava por vários países asiáticos. As autoridades da região restringiram sobremaneira as fronteiras para impedir a disseminação da epidemia. Seu negócio dependia do deslocamento aéreo de funcionários asiáticos para que comparecessem a seminários e convenções. Estava claro que sua organização sofreria um impacto considerável, mas não havia precedente no qual pudesse se basear.

O diretor então convocou uma discussão de linha-d'água com sua equipe. Eles decidiram congelar alguns gastos opcionais, adotar uma postura rígida contra cancelamentos feitos sem aviso prévio, fazer previsões de recursos financeiros mais frequentes e direcionar o foco de vendas para as organizações regionais.

Após três meses, a atmosfera econômica se estabilizou. Um membro da equipe solicitou uma nova discussão de linha-d'água. Nessa reunião, a equipe decidiu relaxar as medidas de segurança aos níveis anteriores à crise.

Pedimos aos gestores que identificassem o que pensam ser as vantagens do exercício do controle e o que creem que isso os ajuda a realizar. Eles identificaram o valor de compartilhar a mesma trajetória, o mesmo aprendizado e de ter maior clareza, padronização e previsibilidade. As vantagens da autonomia incluíram flexibilidade, criatividade, rapidez de resposta, prazer e velocidade.

Você deve equiparar o grau de controle que exerce àquele que almeja realizar. Utilize o controle ao buscar previsibilidade e padronização, mas prefira a autonomia quando desejar flexibilidade e criatividade.

	Que áreas em sua equipe requerem esse estilo?	**Você encontrou o equilíbrio correto entre controle e autonomia nessas áreas?**
Controle: trajetória compartilhada, previsibilidade, padronização, aprendizado compartilhado, clareza		
Autonomia: flexibilidade, rapidez de resposta, prazer, velocidade		

Parece óbvio que o grau apropriado de controle para efetuar uma auditoria interna pode ser totalmente inapropriado para um grupo de desenvolvimento de novos produtos. Dê uma olhada nos organogramas estruturais dessas duas atividades em sua empresa. Estariam estruturadas de forma semelhante? Teriam o mesmo número de níveis para envio de relatórios e estruturas de avaliação semelhantes? Estariam sujeitas ao mesmo orçamento e procedimentos de RH? Na maioria das organizações essas áreas são muito semelhantes, apesar de empregarem pessoas de vários tipos, que trabalham com estilos diferentes.

Você pode estar em um ambiente que o sujeita a certos controles por imposição de regulamentos ou dispositivos legais. Quanto a isso, é provável que não haja muito o que possa ser feito, mas certifique-se de que você não está complicando leis e regulamentos além da conta ao adaptá-los em suas políticas internas.

EXERÇA O CONTROLE PRÓXIMO ÀS TRINCHEIRAS

Conceder autonomia não significa que não haja controle; significa apenas que as pessoas próximas ao trabalho são aquelas que realmente exercem o controle. Uma vez que você decidiu sobre o que precisa ser controlado, é mister controlá-lo com a maior proximidade possível. Se você tem algo tão importante que precisa ser controlado, por que permitiria atrasos e distanciaria o controle da ação? Uma separação entre aqueles que exercem o controle e aqueles que executam a tarefa apenas reduz o grau de responsabilidade dos últimos.

Quando o controle é exercido a distância, muitas vezes o que se faz é avaliar com atraso: "O processo foi seguido conforme planejado? As aprovações foram obtidas de acordo com os protocolos?". Essas atividades são equivalentes aos reparos e inspeções na indústria – são um desperdício causado pelo temor de que as pessoas não tenham executado suas tarefas de maneira correta na primeira tentativa.

Em uma operação de manufatura de produtos de consumo, no início da década de 1980, a inspeção de qualidade era efetuada no término da linha de produção. O produto era testado e mensurado, e a empresa se desfazia de quaisquer itens que se desviassem das especificações. Como o controle de qualidade ocorria no final do processo de produção, os problemas podiam se perpetuar até por uma hora antes de ser identificados.

Em meados dos anos 1980, o controle estatístico de processos e outras técnicas de gestão de qualidade transferiram a responsabilidade pelo monitoramento aos operadores da linha de produção. Ao lhes proporcionar treinamento, habilidades e responsabilidade pelo controle imediato de qualidade *in situ*, o tempo necessário para a identificação de problemas caiu para dez minutos.

Considere o que puder ser controlado localmente em sua equipe e certifique-se de que as pessoas têm acesso ao treinamento e às informações necessárias ao exercício imediato e eficaz de tal controle.

Observe com cuidado os tipos de controle restantes que você acha que deve exercer centralmente. A maioria serve para a coordenação geral do negócio (relatórios financeiros etc.), ou brota de uma desconfiança dos subordinados, ou são regulamentos impostos por legislação e organizações externas (que, em geral, pressupõem e institucionalizam a desconfiança). Se você não puder encontrar uma razão convincente que justifique o controle centralizado de algo, então, sempre que possível, acelere o tempo de resposta de sua equipe ao optar pelo controle local.

Mecanismos de controle presentes em sua equipe	**Como isso pode ser controlado com maior proximidade?**	**Que informação é necessária para determinar de imediato se as pessoas estão fazendo o trabalho direito?**

CULTIVE CONSTANTEMENTE AS CAPACIDADES LOCAIS

Na indústria, aprendi que meu trabalho era criar um processo capaz de produzir um produto que atendesse a certas especificações. Poderia haver alguma variação nas dimensões precisas dos produtos, mas isso dentro de limites aceitáveis de tolerância. Quando um produto saía desses limites, ocorria um "evento de não conformidade", e minha tarefa como gerente de produção era colocar o processo de volta nos eixos (resolver o problema) e em seguida aprimorar a precisão do processo para evitar incidências futuras.

Se aplicarmos o mesmo conceito à administração, a missão do gestor será capacitar os subordinados a resolver os problemas com os quais se deparam todos os dias no trabalho. Se forem incapazes de fazê-lo e precisarem envolvê-lo como gestor, primeiro você terá de ajudá-los a resolver o problema. O segundo passo será cultivar nos indivíduos e nas equipes a capacidade de lidar com o problema, caso este venha a ocorrer de novo – para que da próxima vez eles não precisem atrasar a solução para envolver o gestor. Se seus subordinados precisarem envolvê-lo em algo, é porque você falhou em equipá-los com aprendizado, confiança, habilidades e autonomia para enfrentar o problema sem sua ajuda.

Se levar essa ideia à sua instigante e inevitável conclusão, você verá que: sempre que for solicitado, sua gestão falhou. Trata-se de uma definição rude da função gerencial, mas de serventia prática e eficaz na busca de níveis mais elevados de autonomia local.

Comece a manter um registro das razões pelas quais sua equipe o envolve, utilizando a tabela da página seguinte:

- Anote as razões pelas quais os subordinados o contatam solicitando algum apoio ou decisão.
- Analise as chamadas para compreender por que eles não solucionaram os problemas sem sua ajuda.
- Categorize as chamadas:
  - As pessoas podem contatá-lo por legítimas razões organizacionais – por exemplo, se você precisa conceder poderes para que atuem sob as regras orçamentárias da empresa. Todavia, se sua empresa é organizada de modo que as pessoas se vejam frequentemente obrigadas a buscar o poder decisório no centro, é provável que um grau muito elevado de controle esteja pressuposto em sua cultura. Como gestor, você deve questionar esses valores, e essa análise lhe fornecerá alguns dados para fazer isso:

– As pessoas podem contatá-lo porque não possuem conhecimento, habilidade, atitude ou discernimento para solucionar o problema sem sua ajuda. Neste caso, sua tarefa é superar essa fraqueza para que seus subordinados possam resolver os problemas por conta própria da próxima vez.

TABELA PARA O DESENVOLVIMENTO DE CAPACIDADES LOCAIS		
Problema levado até você	**Motivo pelo qual a pessoa não pode resolvê-lo**	**Ação para proporcionar conhecimento, habilidades e atitude ou discernimento para solucionar o problema no futuro**

• Desenvolva nos membros da equipe a capacidade de resolver esses problemas por si próprios.
• Uma vez que você forneceu treinamento, documentação de apoio e aconselhamento, esquive-se quando sua ajuda for solicitada. Pergunte: "Você leu os procedimentos?", "O que você

já tentou fazer?", "O que você aprendeu sobre isso no treinamento?". Se os subordinados não forem capazes de resolver o problema após receberem treinamento e instrução, então existe um problema de atitude (veja a seguir).

- Mantenha a tabela perto de seu telefone. Se as chamadas começarem de novo ou novos problemas forem levados ao centro, você perceberá com maior rapidez. Utilize essa abordagem para desenvolver continuamente a capacidade de sua equipe.

Você deve apresentar claramente isso à equipe como um exercício para o desenvolvimento de suas habilidades e autonomia. Um gestor que jamais oferece apoio e ajuda pode se tornar muito impopular. Contudo, se você sempre for o primeiro a quem todos ligam com problemas para resolver, pode ser que seja demasiadamente prestativo para que os subordinados consigam se desenvolver. Essa abordagem é uma maneira poderosa de criar expectativas em relação às capacidades locais.

"Fui muito bem-sucedido em minha carreira técnica e me tornei um especialista de renome no desenvolvimento de sistemas de TI. Adquiri vasta experiência a ponto de saber a resposta para qualquer pergunta que me fizessem. Como recompensa por ser tão bom na solução de problemas técnicos, fui promovido a gerente.

Tentei com vigor proporcionar aos meus subordinados o mesmo padrão de serviço que me havia consagrado como especialista técnico, mas logo tive de encarar uma fila interminável de pessoas me pedindo que solucionassem seus problemas. Meus subordinados descobriram que era mais fácil solicitar minha ajuda do que se virar por si próprios. Eu me tornei um ralo entupido em vez de fonte da plena sabedoria. Foi muito difícil instruir meus subordinados a encontrar a resposta correta em vez de apenas dizer qual era, especialmente porque era capaz de fornecer a resposta de imediato. No entanto, foi a única maneira de desenvolver minha equipe."

Falta de	Exemplo	Solução
Conhecimento	As pessoas não compreendem as políticas e diretrizes da empresa	Fornecer documentação de referência
	As pessoas não sabem quem devem procurar na organização para falar sobre problemas	
	As pessoas não possuem habilidades para realizar o trabalho esperado	Proporcionar treinamento, instrução ou *feedback*
Habilidades	As pessoas não sabem como executar certas tarefas requeridas	Organize treinamentos ou materiais de aprendizado
Atitude	As pessoas não se sentem confiantes na tomada de decisões	Proporcionar aconselhamento, apoio e expectativas bem definidas
	As pessoas não têm disposição para tomar decisões	Proporcionar aconselhamento e expectativas bem definidas; devolver o senso de responsabilidade nelas; aplicar sanções disciplinares, se necessário
Discernimento	As pessoas tomam decisões ruins que dão errado e causam problemas	Faça-as analisar as razões para as más decisões
	As pessoas querem discutir suas ideias com você antes de tomar qualquer decisão	Prontifique-se para discutir, mas não decida por elas

Muitos gestores acham difícil deixar que os funcionários tomem as próprias decisões. Aqueles que iniciaram suas carreiras como peritos ou especialistas técnicos se consagraram apresentando soluções para problemas. Quando se tornam gerentes, é muito fácil perpetuar o que já faziam: responder a perguntas e oferecer soluções para problemas. No entanto, se você sempre fizer isso, as pessoas que trabalham para você nunca vão desenvolver a capacidade de tomar decisões por si mesmas. Você gera uma cultura de dependência.

É muito mais fácil que as pessoas se comprometam a implementar as próprias decisões do que aquelas impostas pelos outros. Se você puder ajudá-las a desenvolver a capacidade de tomar as próprias decisões, descobrirá que elas as implementarão com maior rapidez e eficácia. Por exemplo, se não tiverem confiança no próprio discernimento, discuta o que mais poderiam ter feito em determinada situação ou postule outras situações hipotéticas semelhantes nas quais poderiam exercitar o discernimento com frequência. Certifique-se de que ficou bem claro quem deve tomar quais tipos de decisão.

É possível, porém mais difícil, usar esta abordagem nos níveis mais altos da hierarquia.

"Meu problema não são as pessoas me ligando. É o meu chefe. Ele é meio desorganizado e frequentemente se esquece de me pedir informações até o último minuto. Quase todo pedido é urgente e arruína meu tempo e planejamento de recursos."

Coletar e analisar as razões pelas quais seu chefe liga para você pode lhe gerar evidências a ser usadas em uma discussão sobre isso. Você é a melhor pessoa para julgar se isso vai ajudar ou não. Uma abordagem mais arriscada é comprar uma plaquinha parecida com a que vi na mesa de um cliente, que achei genial. Dizia: "falta de organização de sua parte não equivale a urgência da minha parte". Infelizmente, quando se trata de seu chefe, às vezes equivale!

TENHA MENOS REGRAS E MAIS RESPONSABILIDADE

À medida que as organizações crescem, inevitavelmente se distanciam de um sistema baseado em relacionamentos e adotam outro baseado em controles e regras formais. Em geral, as pessoas estabelecem regras porque alguém cometeu algum erro no passado ou porque temem que erros sejam cometidos no futuro.

Em uma empresa do Reino Unido, certa vez alguém se hospedou em um hotel caro demais. Hoje existe uma regra rígida que limita quanto a empresa pagará por uma diária de hotel. A regra se aplica a todos. As pessoas não precisam refletir sobre qual seria o melhor hotel para se hospedar por causa da regra. Aliás, é como se tivessem um direito adquirido. Quem costumava se hospedar em hotéis mais baratos agora é promovido ao "padrão". Em alguns lugares, hotéis baratos são muito bons e fáceis de achar, mas em outros nem sequer existem, por isso as pessoas encontram maneiras criativas de ocultar a conta com outros gastos. Em vez de se hospedarem nos hotéis dos aeroportos, porque custam 50 libras acima do limite, hospedam-se longe de lá, mas a corrida de táxi do aeroporto até o hotel, ida e volta, acaba custando 75 libras. Elas aplicam todos os esforços em seguir ou evitar a regra e nenhum em fazer o que é certo.

Regras frequentemente causam consequências indesejáveis. Com o passar do tempo, os regulamentos de uma empresa tornam-se um registro fóssil de todos os erros cometidos no passado. Então as pessoas abrem mão da responsabilidade e do bom senso e usam amostras fossilizadas de erros para decidir como agir no futuro!

Se você tem algum desentendimento com alguém, se esse alguém cometeu um erro, foi desonesto ou incompetente, trate isso como um problema isolado. Não faz sentido estabelecer uma regra que pressuponha que todos na empresa cometerão o mesmo erro ou que sejam igualmente incompetentes e desonestos.

Erro	Regra	Resultado objetivado	Consequências indesejáveis	Estratégia alternativa
Alguém se hospedou em um hotel caro demais	Estabelecer um limite para as diárias dos hotéis	Impedir que as pessoas gastem acima do limite	Torna-se um direito, não um limite. Outros gastos (táxi) aumentam Torna-se uma brincadeira de contornar as regras, não uma responsabilidade	Incentivar as pessoas a tratar o dinheiro da empresa como tratam seu próprio dinheiro A diretoria deve dar o exemplo Lidar com cada erro individual caso a caso

Regras impessoalizam o poder. Em muitas culturas, as pessoas sentem-se desconfortáveis com o exercício pessoal do poder e preferem ter alguma regra impessoal que as ajudem a tomar decisões. Infelizmente, regras não possuem discrição ou discernimento. É por isso que elas não se adaptam bem a ambientes dinâmicos e complexos.

A alternativa é cultivar uma atitude de responsabilidade, pela qual as pessoas buscam o bem da empresa como um todo – o que de fato amplia seu controle. As pessoas se comportam naturalmente de acordo com suas atitudes, por isso não tente contorná-las.

Uma multinacional norte-americana muito incomum e inovadora se recusa a ter regras para moldar o comportamento dos funcionários. Um novo funcionário da linha de produção perguntou se havia alguma regra que o impedisse de tomar café em seu posto de trabalho. A resposta foi:

"Não existem regras". Quando ele trouxe um café para a fábrica, o vizinho interrompeu a produção e perguntou o que ele estava fazendo. Ele respondeu: "Me disseram que não existe regra contra isso". "Então o que acontece se você derramar café no produto?", perguntou o colega. Os operadores de produção tiveram uma breve discussão sobre o que seria razoável e concordaram em não tomar café em um perímetro de alguns metros da linha de produção. O trabalho foi reiniciado com o discernimento compartilhado sobre o que seria razoável. Nenhum gerente foi envolvido.

Se cultivarmos a atitude de que a regra é mais importante que a responsabilidade, as pessoas seguirão as regras cegamente, mesmo quando suas ações anularem o propósito.

Uma central de atendimento da indústria de telecomunicações identificou a rapidez no atendimento como objetivo essencial. Os operadores tinham como meta concluir as ligações de suporte ao cliente em até noventa segundos. Para atingir as metas e ganhar as bonificações, eles desligavam o telefone na cara dos clientes em 85 segundos, mesmo que não tivessem resolvido o problema. Os operadores atingiram as metas, mas as reclamações dos clientes dispararam sobremaneira.

Se seu negócio não muda muito, se o passado for um mapa fiel do futuro e se a necessidade de padronização for maior que a necessidade de flexibilidade e criatividade, então regras são ótimas. Todavia, quando pessoas estão envolvidas, quando importam a qualidade do serviço e as necessidades dos clientes, regras se tornam um estorvo.

Como isso vai aumentar a velocidade, a facilidade e a satisfação?

Distanciar o controle do centro da organização e cultivar competências locais aceleram a execução de tarefas pela eliminação dos atrasos e ineficiências causados pela solicitação de ajuda central para a solução de problemas. Mais rápido, o controle local reduz o custo de eventuais erros e o tempo necessário para identificá-los. Também diminui a necessidade de manter uma estrutura de avaliação no centro, da mesma forma que a revolução do controle de qualidade na indústria aprimorou a produção e reduziu a necessidade de inspeções.

As pessoas preferem ter autonomia, e a habilidade de controlar as próprias ações aumenta a motivação e a satisfação com o trabalho.

Colocando este capítulo em prática na sua organização

1. Chegue a um consenso com sua equipe ou organização sobre a identificação clara e explícita dos controles essenciais da linha-d'água.
2. Agende avaliações periódicas da linha-d'água para garantir que o grau de controle se adaptará às mudanças no ambiente. Lembre-se de que é até mais importante reduzir a linha-d'água enquanto puder do que elevá-la quando estiver sob pressão.
3. Identifique as áreas específicas de sua organização que exijam controle ou autonomia – prepare-se para gerir cada área de forma diferenciada.
4. Situe seus mecanismos de controle e informação o mais próximo possível das trincheiras. Certifique-se de que os subordinados estejam supridos com as informações e habilidades necessárias para controlar suas atividades de forma independente.
5. Identifique e analise as razões pelas quais os subordinados solicitam seu apoio decisório. Use essa informação para cultivar continuamente melhorias na capacitação da equipe. Classifique os motivos pelos quais seu apoio é solicitado,

quando se trata de falta de conhecimento, habilidade, atitude ou discernimento. Preencha quaisquer lacunas com ações.

6. Identifique as regras mais importantes e quais comportamentos elas provocam. Substitua essas regras com responsabilidades claras e *feedback*. Não resolva problemas individuais recorrendo a regras que se apliquem a todos.

CAPÍTULO 6

Tenha expectativas maiores, lidere muito menos

Para almejar maior controle local e autonomia, os gestores precisam fazer alguns ajustes ao próprio comportamento. As pressuposições e técnicas de gestão originalmente concebidas em um passado simplório podem dificultar a realização desses ajustes.

Este capítulo aborda maneiras práticas de transformar a autonomia em realidade na sua organização. Também engloba como esperar mais dos subordinados.

Há décadas se fala muito em autonomia, mas, enquanto isso, o controle nas organizações só aumentou. Se você quer usufruir das vantagens da velocidade, da economia da eficiência e do maior estímulo motivacional oferecido pela autonomia local, deve gerir com a finalidade de tornar a autonomia uma realidade. Isso vai exigir uma mudança em sua forma de gerenciar as pessoas. Em especial, você precisa cultivar quatro novas expectativas em sua maneira de gerir e ser gerido:

- Evite a microadministração.
- Exija mais autogestão dos subordinados.
- Tome decisões "suficientemente boas".
- Ofereça mais perguntas que respostas.

Evite a microadministração

Muitas organizações tradicionais submetidas a altos graus de controle enfrentam um problemão com qualquer gestor que não saiba em detalhes o que está ocorrendo em sua área de responsabilidade. Essas organizações esperam que os gerentes tenham o estetoscópio no peito e os fatos na ponta da língua. É inaceitável que um gerente em tal ambiente admita não saber os detalhes do que esteja acontecendo todos os dias. Essa é uma pressuposição altamente prejudicial: significa que os gestores devem estar interferindo continuamente nos detalhes do que suas equipes estão realizando. Isso os obriga a passar boa parte do tempo inspecionando atividades e vai contra a autonomia e a delegação de poderes.

Uma empresa norte-americana de tecnologia tem um novo diretor de qualidade, que, ao longo de toda carreira, trabalhou nos Estados Unidos como gerente de fábrica.

A gerente de qualidade na Indonésia trabalhou na planta daquele país desde que foi construída e já viu quatro diretores de qualidade entrar e sair. Ela tentava resolver um difícil problema de qualidade na planta local, que não deveria ter surgido, e se a matriz descobrisse isso se tornaria algo muito embaraçoso para seus colegas.

Em consequência, o novo diretor de qualidade não estava ciente do problema na planta indonésia, antes que um colega o relatasse em uma reunião. O colega visitara recentemente a planta e presumia que ele já soubesse do problema. O diretor de qualidade se sentiu envergonhado por não saber do problema e não viu outra saída além de se envolver pessoalmente na questão.

Ele tentou ligar para a Indonésia assim que descobriu o problema (10 horas de terça-feira; 21 horas em Jacarta), mas só conseguiu acessar a caixa postal da gerente. Ao deixar o recado, não quis tocar no assunto, porém deixou bem claro que a gerente deveria retornar a ligação imediatamente. Até o fim do dia não havia recebido retorno nenhum. Naquela noite, ele conseguiu lugar num voo do aeroporto JFK, às 8h45 da sexta-feira, com escala em Londres, que chegaria em Jacarta às 17h15 do sábado. Incumbiu a secretária de enviar um fax logo pela manhã, na sexta-feira (sexta à noite em Jacarta), organizando um relatório completo domingo de manhã e atualizações periódicas dos encarregados locais pelo controle de qualidade. O diretor se sentiu chocado quando ninguém foi encontrá-lo no aeroporto e furioso quando ninguém apareceu para a reunião de domingo. O escritório estava fechado.

A primeira coisa que fez na segunda-feira, ao retornar à fábrica, foi dizer à gerente quão desapontado estava com sua falta de resposta e exigir que preparasse uma reunião de inquérito administrativo. Ele presenciou uma série de reuniões deliberativas com a gerência da fábrica nos dias seguintes, estabeleceu um plano de recuperação completo e voltou para os Estados Unidos.

Na semana seguinte, revisou as regras de envio de informações, para torná-las mais abrangentes, e convocou todos os gerentes de qualidade para uma reunião de relatório, a fim de esclarecer as novas obrigações. Ele se sentiu determinado a nunca mais estar mal informado novamente. As novas regras de envio de informações pareciam ser muito detalhadas. O diretor também solicitou os contatos telefônicos pessoais dos gerentes para que ninguém pudesse usar de novo a desculpa de estar fora de alcance. O diretor de qualidade deixou bem claro que a obrigação primária dos gerentes é a função da qualidade, mesmo quando isso for desagradável aos colegas locais. Seu modo de gritar e esmurrar a mesa quando enfurecido não deixa dúvida nenhuma na equipe quanto a sua seriedade.

Para evitar riscos, agora os gerentes de qualidade sentem que devem comunicar qualquer coisa relevante ao novo chefe e se certificar de que esteja envolvido em todas as decisões importantes. Isso causa ao diretor de qualidade sérias dúvidas em relação à espécie de gerentes que herdou em sua equipe. Eles o solicitam nas questões e problemas de menor importância. O diretor reage aumentando a frequência das viagens para estar mais próximo das várias operações locais. Enquanto isso, em casa, sua família se sente excluída e reclama que ele nunca viajou tanto antes de aceitar esse emprego...

Neste exemplo, a causa principal das ações do diretor de qualidade foi seu embaraço ao não saber o que estava acontecendo – mas por que ele teria de saber de detalhes desse tipo? Seu desconforto foi potencializado pela falta de conhecimento dos fusos horários – ele não poderia esperar que as pessoas na Indonésia respondessem enquanto dormiam. Em uma tentativa de recuperar o sentimento de controle ao qual estava acostumado na experiência anterior na área de manufatura, ele destituiu os subordinados de poder decisório e criou uma cultura regimentar. A reação das pessoas foi levar qualquer questão para o centro, para não correr riscos. Isso o fez duvidar da competência da equipe, criando um círculo vicioso de controle, desconfiança e mais controle.

Muitos gerentes de equipes complexas veem-se presos em meio a antigas pressuposições e novas realidades relacionadas ao controle. Seus diretores aprenderam a gerir em um ambiente altamente controlado e esperam que os subordinados tenham conhecimento de tudo que se passa. Contudo, eles logo descobrem que, em equipes amplamente distribuídas, essa expectativa é irreal, mas estão presos à insistência dos chefes em saber tudo.

Confiança é essencial à concessão de poderes; abordarei essa questão mais a fundo no Capítulo 7. A confiança faz com que você se sinta mais à vontade diante da possibilidade de as coisas estarem sendo resolvidas com competência nos locais remotos e também significa que, provavelmente, você ficará sabendo de notícias embaraçosas com antecedência. É mais fácil confiar em pessoas hábeis e competentes; portanto, certifique-se de que sua equipe esteja treinada e bem equipada em sua área de responsabilidade. Utilize a abordagem apresentada no Capítulo 5 para desenvolver de forma contínua na equipe a habilidade de se manter atualizada no que diz respeito à tal competência.

Também é importante criar expectativas claramente compartilhadas sobre qual nível de informação e controle você espera dos subordinados e sobre o que seu chefe espera de você. Use uma ferramenta de concordância de serviço individual (a seguir) para conversar sobre expectativas de trabalho tanto com os subordinados quanto com seu chefe. Comece fazendo com que cada membro da equipe preencha a ferramenta separadamente, para verificar se suas expectativas diferem. Se for o caso, aproveite para negociar expectativas claras de comum acordo, mutuamente satisfatórias. Se você acha injusta alguma expectativa da equipe, este é o momento de discuti-la e de explorar suas consequências.

NÃO SEJA PRESSIONADO À MINUCIOSIDADE

Visitei a matriz de uma empresa na qual trabalhava como chefe de operações e logo percebi que um painel de monitoramento fora instalado próximo à copa. Na tela se podia averiguar se algum dos processos operativos fundamentais estava pausado ou em andamento. O gerente-geral olhou para o painel e me perguntou: "Por que o processo D está parado agora?".

Fitei-o, pensando em alguma resposta que não fosse: "Não faço a menor ideia".

Em seguida, ele disse: "Realmente não preciso saber a resposta disso, preciso? Aliás, acho que você também não. Por que estamos discutindo o trabalho do supervisor operacional daquele processo? Com certeza ele nos avisará se tivermos de fazer algo a respeito".

Então batemos um bom papo sobre a futilidade de obter informação excessiva a ponto de querer gerir o que cabe a outras pessoas. Logo depois, fiquei sabendo que ele solicitara a remoção do painel.

Categoria	Minhas expectativas	Suas expectativas	Em que concordamos
Comunicação: problemas, frequência e meios			
Frequência de contato cara a cara			

Categoria	Minhas expectativas	Suas expectativas	Em que concordamos
Relatórios e necessidade de informação			
O que espero que me informem de imediato			

Apenas porque você tem a informação não quer dizer que seja lícito utilizá-la para tomar o controle.

GERENCIE OS PONTOS DE CONTATO

Enquanto pensava sobre este capítulo, assistia a um programa de namoro-relâmpago na televisão, no qual as pessoas tinham encontros de sessenta segundos. Durante esse tempo, elas precisavam impressionar o par o suficiente para que quisessem encontrá-las de novo. Quando o alarme disparava, todos tinham de ir para a próxima pessoa. Fiquei impressionado com a semelhança daquilo com a vida de alguns gestores, em especial daqueles com responsabilidades que abrangem várias localidades. Eles têm alguns pontos de contato rápido com os subordinados, nos quais precisam causar boa impressão, orientar com clareza e fazer com que as pessoas se sintam bem.

Em organizações muito dispersas, as pessoas têm relativamente pouco tempo de contato pessoal e tendem a contatar os colegas apenas quando há algum problema ou quando necessitam de algo.

Você precisa equilibrar isso com pontos de contato que aumentem a motivação e os sentimentos positivos.

Qual foi o propósito do contato?	Que impacto você acha que teve na motivação?	Como você poderia gerir isso de forma diferente no futuro para aumentar a motivação?

MANTENHA A CUECA EMBAIXO DAS CALÇAS

As pessoas que menos devem gostar do aumento de autonomia nas equipes são os gestores. Delegar poderes significa que o gestor deve abrir mão dos poderes que possui. Treinamos gestores para que creiam na delegação de poderes e professem forte apoio por ela, mas a realidade é que muitos se sentem menos envolvidos e pouco valorizados quando os subordinados agem por conta própria. Os gestores precisam sentir as vantagens pessoais da obtenção de resultados melhores, do desenvolvimento de suas equipes e de mais tempo livre, pois, do contrário, continuarão a interferir.

Em muitas organizações, o gestor "super-homem", que sempre voa para resolver o menor dos problemas com muita visibilidade, é mais valorizado que o gestor que cultiva com discrição as competências locais, evitando antecipadamente ter os problemas. Se você recompensar esse comportamento, o verá se repetir.

O comportamento "super-homem" é prejudicial ao processo de delegação de poderes, pois rouba o poder e a confiança das pessoas locais e fomenta uma tendência à elevação de problemas ao centro.

Da próxima vez que você se sentir tentado a vestir a cueca por cima das calças e voar rumo ao resgate, resista.

Se você é gerido por alguém assim, pergunte o que você precisa fazer para merecer o direito de ser deixado em paz. Você se certifica de que mantém o gerente bem informado, cultiva sua confiança e o tranquiliza por nunca o surpreender com nada desagradável? Esse sempre será um relacionamento de compromisso mútuo.

EVITE A TECNOMICROADMINISTRAÇÃO

Há dois mil anos, o "gerente regional" do Reino Unido, ou o governador britânico enviado por Roma Antiga S/A, teve de tomar uma decisão. Ele sabia que passariam semanas até que recebesse uma resposta por correio da matriz. Ele tinha um intervalo de tempo de várias semanas para o controle. Qualquer decisão mais urgente que isso tinha de ser tomada localmente.

Hoje o diretor regional de uma empresa italiana no Reino Unido tem um intervalo de tempo para o controle medido em segundos. Seu chefe pode contatá-lo em seu *smartfone* a qualquer momento, por e-mail ou chamada telefônica.

Quem é mais poderoso? As tecnologias da comunicação são essenciais para equipes complexas, mas há o risco de continuá-las usando para microadministrar em vez de incentivar a autonomia e a delegação de poderes. Antes de pegar o telefone, em especial para responder a um pedido de ajuda ou verificar o progresso da solução de algum problema, considere o impacto que seu telefonema terá sobre a autonomia local.

Exija mais autogestão dos subordinados

Durante um exercício de gestão em um de nossos programas de treinamento, pedimos aos membros de equipes remotas que nos dissessem o que esperam de um bom gerente. A lista inclui:

- Cultivar bons relacionamentos e equipes.
- Estabelecer a visão.
- Comunicar os objetivos.
- Esclarecer funções e responsabilidades.
- Nos manter informados.
- Nos motivar.
- Nos ajudar a desenvolver habilidades e carreiras.
- Ser acessível quando necessário.
- Nos delegar poderes.
- Resolver conflitos.
- Remover barreiras organizacionais.

Sempre questiono essa lista. "É isso mesmo que vocês querem? A lista parece descrever a mãe de vocês, não o gerente." **Se o gerente faz tudo isso por vocês, o que lhes resta fazer?**

Nas organizações enxutas de hoje, os gerentes escrevem a própria correspondência, arquivam os próprios papéis, marcam as próprias viagens e fazem as próprias pesquisas na internet. Muitos também desempenham a função de técnico ou especialista nas empresas. Há, de certo modo, poucos gerentes voltados exclusivamente para a gestão de pessoas. Quando ficam ocupados com tarefas pessoais urgentes, torna-se fácil ignorar assuntos importantes (porém, em geral não urgentes) relacionados à gestão de funcionários. No entanto, o que se espera dos gerentes não reflete a redução do tempo disponível para que a própria gerência seja exercida. No mínimo, as pessoas exigem mais que isso dos gestores.

Um membro de equipe não pode ter tudo o que quer: se deseja mais poderes e autonomia, é necessário que se responsabilize mais pelo próprio desenvolvimento e direção. Como gestor, espere ter de recuar em oposição a tais expectativas quando estas partirem de subordinados experientes.

Meus subordinados diretos são gerentes experientes que sabem como administrar equipes e organizações complexas. Às vezes eles me ligam para reclamar dos colegas – talvez de algum que não esteja muito disposto a cooperar ou que tenha feito algo que os irritou. É como se quisessem que eu resolvesse seus problemas de relacionamento.

Sempre pergunto: "Você já conversou com ele sobre isso?". Se a resposta for não, pergunto por quê. Se não for importante o suficiente para que eles conversem diretamente, por certo não o é para que eu interceda por eles. Quando não conseguem resolver o problema de forma independente, então talvez eu interfira, mas sempre fico surpreso quando pessoas experientes não conseguem resolver seus conflitos entre si.

Se você tem como chefe um gestor muito ocupado, talvez tenha de administrar as próprias necessidades de contato e informação. Não fique aí sentado esperando que se lembrem de você.

Tome decisões "suficientemente boas"

Com tanta disponibilidade de informações administrativas, fica fácil se perder em meio a tantos detalhes operacionais. Só porque você pode analisar seus custos e seu desempenho a 0,001 de cada centavo não significa que esteja fazendo bom uso de seu tempo. O fácil acesso que você ou seu chefe tem a informações e funções de monitoramento tende a aumentar o controle desnecessário.

Um mês depois que comecei a trabalhar em um novo emprego na área de operações recebi meu primeiro relatório orçamentário: uma análise de minha área de responsabilidade com trinta páginas. Eu não fazia ideia do que tudo aquilo significava. Havia medidas para gastos com papel de escritório, mão de obra, entulho, combustível, lavanderia e tudo que se puder imaginar. Passei meio dia conferindo aquilo com um contador, e ele não sabia o que muita coisa ali queria dizer.

Descobri que quase toda a verba que tinha disponível para gastos opcionais seria voltado para refugo e mão de obra. Nesse último quesito, o número de funcionários era fixo, a menos que eu contratasse ou demitisse alguém. Os salários estavam totalmente fora do meu controle. De fato, tudo o que eu podia influenciar a curto prazo eram o refugo, o número de prestadores de serviço externos que utilizava e a quantidade de horas extras que autorizava.

Pedi ao departamento financeiro que me preparasse um relatório detalhando:

- ▷ Refugo por produto e linha.
- ▷ Horas extras.
- ▷ Quantidade e custo de prestadores de serviço.

Não foi fácil para eles me fornecer esses dados, então mostrei-lhes o relatório de trinta páginas, destaquei os três conjuntos de números que importavam e joguei fora o restante. Gastei todo tempo de gestão que pude no aprimoramento dessas três áreas e ignorei ou deleguei o restante.

O uso de planilhas para analisar dados se difundiu amplamente; é difícil imaginar como tomar decisões sem se basear em dados e análises. No entanto, há um ponto em que buscar mais informações e análises se torna uma desculpa para não tomar decisões. Quando uma análise adicional não altera de modo fundamental a decisão a ser tomada, então se torna uma inútil fonte de atrasos.

Em uma reunião com um diretor-geral famoso por fazer perguntas extensas e detalhistas (frequentemente concebidas para destruir uma ideia), fiquei muito feliz com a reação de um conceituado professor de faculdade de administração. Ele perguntou ao diretor: "O que você teria feito de outra forma em relação a essa decisão se soubesse a resposta para esta pergunta?". Quando o diretor não soube responder, o professor concluiu: "Então não percamos tempo com essas perguntas".

Tenha por hábito perguntar: "O que você faria de outra forma se soubesse a resposta para essa questão?".

Ofereça mais perguntas que respostas

A habilidade essencial para o cultivo de autonomia e capacidade local é o aconselhamento.

Para muitas pessoas, "aconselhamento" tem vários significados diferentes. Já experimentamos diversas formas de aconselhamento, e a que melhor se adapta às equipes complexas é o aconselhamento não diretivo, técnica que envolve fazer perguntas para que as pessoas possam descobrir soluções por si mesmas.

Aconselhamento não é uma técnica que se possa usar com pessoas que não tenham nenhum conhecimento e experiência prévios. Se você fizer perguntas e as pessoas não souberem as respostas de forma genuína, a técnica não dará certo. No entanto, há um ponto no próprio desenvolvimento, no qual as pessoas já sabem o que fazer, mas ainda assim envolvem você nas decisões e problemas. Pode haver várias razões para isso: é possível que não sejam autoconfiantes o suficiente, ou que tenham tido um ex-chefe que costumava se envolver mais que você nas questões, ou talvez sejam apenas preguiçosas. Seja lá qual for a razão para tal relutância, o aconselhamento é uma ferramenta para mover as pessoas rumo à autoconfiança. O objetivo é que só precisem pedir sua ajuda quando a necessidade for legítima.

O aconselhamento não diretivo baseado em perguntas funciona melhor em equipes complexas por dois motivos principais. Primeiro, porque os indivíduos encontram as próprias soluções:

- Eles têm mais comprometimento com as próprias soluções.
- As soluções tendem a ser apropriadas às suas culturas.
- As soluções são práticas para o ambiente local.
- Eles descobrem que serão capazes de agir por conta própria na próxima vez que o problema ocorrer.

Segundo, o conselheiro não precisa ser um especialista – o indivíduo já o é –, o que leva às seguintes consequências:

- O conselheiro não precisa ser um especialista nas condições e culturas locais.
- O conselheiro pode agregar valor às pessoas que possuem alguma especialização técnica não compartilhada.
- O conselheiro não precisa levar o problema para casa.

Quando treinamos gestores experientes para usar o aconselhamento não diretivo, quase todos acham muito difícil fazer perguntas sem se apressar em fornecer as respostas. Gerentes são promovidos por serem bons na resolução de problemas, em especial em ambientes técnicos, mas se tudo o que fizerem for resolver problemas para os subordinados jamais permitirão que estes cresçam e desenvolvam por si mesmos as capacidades de que necessitam.

Certa vez observei um de meus gerentes de turno aconselhar um operador que lhe comunicara um defeito em sua máquina. Quando o operador explicou o problema, o gerente perguntou: "O que você fez até agora?".

O operador disse que havia acabado de perceber o problema. O gerente perguntou o que o funcionário achava que deveria fazer, e este respondeu: "Vou encontrar o encarregado da manutenção e ver se conseguimos consertar a máquina; do contrário, vou chamar o engenheiro de controle lá da outra planta".

O gerente perguntou: "O que você pode fazer enquanto o encarregado da manutenção não chega?". O operador sugeriu que poderia ajudar em outra linha de produção. O próprio funcionário propôs todas as ações, e a iniciativa de todo processo partiu claramente dele.

Alguns dias depois observei outro gerente de turno lidando com uma situação semelhante. Quando o operador informou a ele o problema, o gerente perguntou: "Você verificou os sensores óticos?".

O operador se afastou e logo retornou dizendo: "Não são os sensores". Com isso, o gerente foi até a máquina para ver o problema de perto.

Minutos mais tarde, vi o gerente de turno trabalhando na máquina – o operador havia saído para tomar um café! O gerente, em vez de ajudar o operador a pensar na solução, responsabilizou-se por resolver o problema. Qual a diferença? O primeiro gerente descobrira a arte do aconselhamento.

Como isso vai aumentar a velocidade, a facilidade e a satisfação?

Transformar a autonomia em realidade na sua organização e esperar mais dos subordinados são duas atitudes que permitirão que eles tomem as próprias decisões com mais rapidez.

Ao resistir à tentação da microadministração o gestor pode economizar o próprio tempo e cultivar as capacidades da equipe local.

Exigir mais dos subordinados lhes permitirá desenvolver e ampliar suas capacidades. Também trará à tona o mau desempenho. O aconselhamento é uma ferramenta poderosa para a produção de melhorias no desempenho e nas habilidades.

Trabalhadores locais mais capazes, mais ágeis nas respostas e mais seguros de si conquistam a confiança dos superiores e criam um ciclo virtuoso, ampliando a delegação de poderes. O desenvolvimento pessoal também estimula a satisfação com o emprego.

Colocando este capítulo em prática na sua organização

Desafie as quatro principais pressuposições sobre a gestão de controle.

1. Evite a microadministração:
   - Esclareça suas expectativas ao seu superior e aos subordinados – utilize uma ferramenta de concordância de serviço individual para estruturar as discussões.
   - Não sucumba ao detalhismo com informações que não lhe competem.

- Concentre-se em melhorar os breves pontos de contato com os subordinados – planeje-os para aumentar a motivação.
- Mantenha a cueca embaixo da calça – antes de sair voando como o super-homem para resolver os problemas, considere o impacto de sua intervenção sobre a autonomia e a motivação.
- Evite a tecnomicroadministração – pense antes de fazer a chamada: será que seu envolvimento reverterá o controle para você? É isso que você quer?

2. Exija mais autogestão dos subordinados:
   - Certifique-se de que os subordinados sabem realmente o que esperar de você. Seja explícito quanto às suas expectativas em relação a eles.
   - Deixe claro que você espera que pessoas experientes resolvam os próprios problemas – recue. Utilize o aconselhamento como ferramenta essencial.

3. Tome decisões "suficientemente boas":
   - Revise as informações que receber e crie medidas focalizadas, concentrando-se naquelas que realmente importam.
   - Pare de pedir informações das quais você não precisa.
   - Pergunte: "O que você faria de outra forma se soubesse a resposta para essa questão?".

4. Ofereça mais perguntas que respostas – aprenda a ser conselheiro.

PARTE 4

O cultivo COMUNITÁRIO que atravessa distâncias e diferenças

CAPÍTULO 7

Deslealdade constante e as chaves do desenvolvimento comunitário

A confiança mútua e o sentimento comunitário são essenciais para a cooperação. No entanto, existem pressões poderosas atuando sobre empresas complexas que podem minar a confiança mútua necessária ao cultivo de uma comunidade genuína.

A comunidade acelera a cooperação

No passado recente, o sentimento comunitário compartilhado nas empresas parecia ser um subproduto espontâneo do fato de as pessoas trabalharem no mesmo local. Em geral, elas tinham o mesmo perfil cultural, falavam a mesma língua e dispunham de muitas oportunidades para interagir, cultivar a confiança e se tornar amigas ou colegas de trabalho. Entretanto, em empresas geograficamente distribuídas o cultivo comunitário torna-se caro e difícil, e os gestores sentem, com frequência, uma falta de identidade e de espírito de equipe.

Neste capítulo afirmo ser irrealista tentar reconquistar o profundo sentimento comunitário nas organizações complexas atuais. Trata-se de um esforço frequentemente muito caro para que valha a pena. Mostrarei como, muitas vezes, os sistemas tradicionais de recompensa e verificação, assim como as estruturas matriciais das organizações, geram problemas relacionados à lealdade e à comunidade. Introduzirei algumas ferramentas práticas para a identificação das legítimas "chaves do desenvolvimento comunitário", as quais você poderá usar em sua organização para aprofundar os interesses comuns necessários à realização de tarefas.

Muitos pesquisadores comprovam o valor da comunidade, do capital social e da confiança. No livro *In good company* [Em boa companhia inédito no Brasil, Cohen e Prusak abordam o capital social, que definem como "a propriedade das conexões ativas entre as pessoas: a confiança, a compreensão mútua, os valores compartilhados e os comportamentos que unificam os membros das redes e comunidades humanas, possibilitando ações cooperativas". Outros pesquisadores correlacionam o capital social à cooperação, às melhorias na saúde, à criminalidade reduzida, aos custos transacionais mais baixos, à maior participação em atividades políticas e sociais, a mais prosperidade econômica, aos custos administrativos mais baixos e à habilidade de desenvolver organizações maiores e mais eficientes. Qualquer um que tenha participado de uma organização ou equipe destituída do sentimento comum de confiança sabe como fica difícil realizar qualquer projeto de valor.

Os principais benefícios do alto grau de confiança nas organizações se enquadram em três áreas fundamentais:

- **Redução de barreiras e custos transacionais.** Se vocês precisam comprovar ou testar o grau de confiança mútua antes de trabalhar em conjunto, incorrerão em gastos e atrasos desnecessários.
- **Aceleração da cooperação.** O compartilhamento de práticas e maneiras de trabalhar contribui para uma cooperação mais ágil e confiante na boa vontade recíproca entre os colegas.
- **Cultivo de um ambiente que atraia pessoas de qualidade** – e fértil ao aprendizado, às mudanças, à delegação de poderes e à audácia.

Não é de surpreender que a existência de capital social corresponda a melhorias no desempenho em todos os níveis, desde o crescimento econômico em regiões distintas do planeta até o sucesso ou fracasso de fusões e aquisições e o desempenho de equipes.

Organizações que empregam mais de cem pessoas representam 0,5% de todas as empresas registradas nos Estados Unidos. Embora as empresas de grande porte contribuam muito mais para o emprego de mão de obra e para as vendas, esse pode ser um indício de quão difícil deve ser a construção de uma empresa funcionalmente comunitária com mais de cem pessoas.

Mas cultivar comunidade tem seu preço

Construir um sentimento duradouro de confiança e comunidade é algo demorado. Não acontece da noite para o dia e exige muito contato cara a cara.

"Eu estava lutando para convencer meu patrão a concordar com um orçamento para reunir minha equipe remota. Eles não haviam se reunido em doze meses e senti que precisavam de um pouco de 'tempo como equipe' para fortalecer os relacionamentos. Meu chefe pensou que essa seria uma razão inadequada em época de vacas magras.

Ao passar o dia com ele e com mais oito colegas da matriz, notei que gastamos os primeiros quinze minutos conversando socialmente, e que eles pararam três vezes, por dez minutos, para tomar café, e conversaram socialmente por mais 45 minutos no decorrer do almoço. Durante nossa reunião, com frequência saímos pela tangente com fofocas e outros assuntos interessantes, porém irrelevantes, o que estimo ter tomado pelo menos mais trinta minutos. No fim do dia, observei que havíamos passado duas horas, ou 25% do nosso tempo total daquele dia, em assuntos sociais e comunitários.

Acho que assim ficou mais fácil demonstrar a necessidade de investirmos no evento, para que esse contato social também acontecesse em minha equipe."

GERENTE GLOBAL DE CONTAS,
INDÚSTRIA QUÍMICA

Até aqui neste livro concentrei-me na economia de tempo, na simplificação do trabalho em conjunto e na redução de custos. Isso levará a menos reuniões, menos trabalho em equipe e a comunicação mais focada. No entanto, ao reduzir a interação, você corre o risco de começar a perder o sentimento de comunidade e identidade que unifica a organização. Chegou a hora de pensar em reinvestir um pouco do tempo economizado para assegurar que tal fato não ocorra. Você pode realizar isso cultivando a comunidade no nível correto.

Enquanto gestores se orgulham de ser teimosos e práticos, quando alguém toca no assunto "comunidade", frequentemente eles fitam o vazio, perplexos. A reação deles é dizer que este é um "assunto delicado". Pergunte a qualquer gerente veterano o que é mais fácil fazer: lidar com os assuntos técnicos e os apuros financeiros supostamente "difíceis" ou lidar com os assuntos comunitários supostamente "fáceis"? Ele dirá que o difícil mesmo é lidar com pessoas. São as pessoas que possibilitam a realização de todos os outros benefícios práticos.

Cultivando a comunidade em organizações complexas

Dada a escolha, as pessoas têm uma inclinação natural a formar comunidades com aqueles que se encontram fisicamente próximos a elas e que lhes são socialmente familiares. Contudo, as organizações globais esperam que os funcionários cooperem com dezenas de milhares de colegas de um amplo escopo sociocultural e que até mesmo trabalham a milhares de quilômetros de distância.

Na maior parte da história humana, as comunidades eram vinculadas aos lugares. Agora, de repente temos de compartilhar um sentimento de comunidade e confiança com colegas de outras culturas, de outros lugares, por e-mail, só porque trabalhamos para a mesma empresa! É surpreendente que tal coisa funcione, embora claramente dê certo.

"Quando cheguei ao escritório hoje de manhã, deparei-me com um e-mail de um colega de Milão. Nunca tinha ouvido falar dele antes, mas pelo endereço de e-mail e assinatura acho que deve ser do desenvolvimento técnico. Ele tinha uma pergunta urgente sobre como estamos utilizando um produto novo em nosso mercado. Passei um pouco de tempo esclarecendo sua dúvida e enviei-lhe uma mensagem com meus dados para contato por celular, caso necessitasse de mais informações durante a noite. Após enviar o e-mail, pensei em como é estranho ter de cooperar com um total desconhecido de outro país só porque temos endereços de e-mail semelhantes!"

GERENTE DE DESENVOLVIMENTO DE PRODUTOS,
EMPRESA DE EQUIPAMENTOS PARA ESCRITÓRIO, JAPÃO

Existe uma dimensão social ao trabalho. As pessoas valorizam relacionamentos com quem tenham conhecido pessoalmente. Com frequência, colegas de trabalho tornam-se amigos. Se não proporcionarmos um elemento social às nossas equipes, ambientes de trabalho se tornarão estéreis e insatisfatórios.

Infelizmente, alguns fatores são obstáculos ao cultivo comunitário nas empresas complexas.

LEALDADE DIVIDIDA

Um dos desafios essenciais para o cultivo comunitário é o dilema da lealdade dividida. Estruturas organizacionais matriciais e sistemas tradicionais de apuração e envio de relatórios dificultam muito a solução desse problema.

Ichiro trabalhou por oito anos na área de suporte técnico ao usuário no Japão. Seu departamento foi reorganizado de modo que ele agora faz parte da área global responsável por um amplo projeto de integração e padronização de sistemas. É óbvio que Ichiro deve passar o tempo trabalhando em projetos de TI definidos pela matriz. Todos os dias ele atende a dúvidas e solicitações de suporte feitas por clientes japoneses que já o conheciam da área anterior de apoio técnico. Cada pedido é de fácil solução para ele e leva apenas alguns minutos, mas o montante total de tempo gasto dando suporte a usuários locais é muito grande.

O chefe global descobriu que Ichiro gasta seu tempo com assuntos locais e quer que isso acabe. Ichiro acha difícil não ajudar um colega (e, muitas vezes, um amigo) com algum problema. Quando a diretoria de outros departamentos o aborda para pedir sua ajuda, é impossível dizer não. Como Ichiro poderia resolver esse dilema sem prejudicar o relacionamento com o chefe global e com os colegas no Japão?

Naturalmente as pessoas são mais leais aos colegas locais – àqueles com quem almoçam, conversam e que conhecem bem. Ao mesmo tempo, têm de equilibrar isso dedicando sua lealdade também a colegas remotos em equipes virtuais e de outros países.

Como parte de nossa pesquisa com mais de 2.500 participantes de várias organizações globais, perguntamos aos gerentes de equipes internacionais se sua lealdade e obrigações pendiam mais para o lado dos colegas locais ou para o lado dos colegas remotos (em geral, da matriz). A maior parte deles disse que pendia para ambos os lados.

Porcentagem de preferência por lealdade ao centro

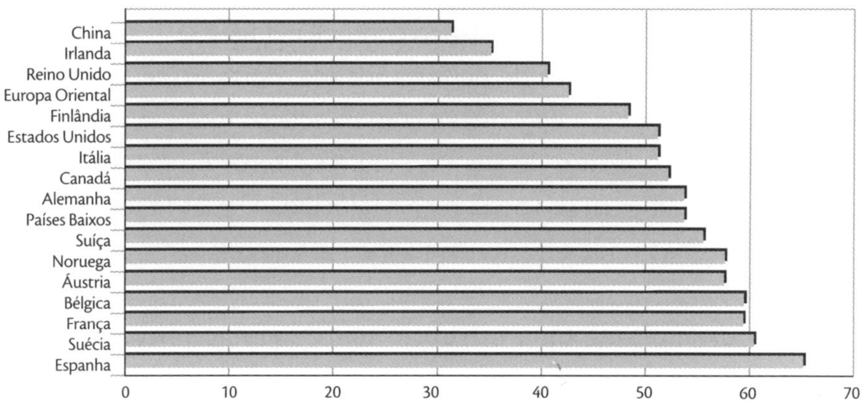

Na Espanha, Suécia e França, a maioria das pessoas prefere ser leal ao centro. No Reino Unido, na Irlanda e na China, a maioria prefere ser leal aos colegas locais. Como todos os participantes pertenciam a equipes internacionais, é de se esperar que a lealdade seja ainda mais localizada entre as massas que trabalham em empregos predominantemente locais.

Uma matriz, com diferentes canais de envio de informações que refletem a geografia, o grupo de produtos, as funções setoriais etc., não resolve o problema da lealdade dividida, mas apenas cria uma estrutura para torná-la um problema do dia a dia. A lealdade dividida acaba sendo institucionalizada e se torna um empecilho a ser administrado de forma contínua.

Eunan é gerente de marketing de equipamentos médicos na Irlanda. Está hierarquicamente conectado por uma linha contínua (subordinação direta) ao chefe global de marketing nos Estados Unidos, mas também está ligado ao gerente-geral de assuntos locais irlandês – porém, dessa vez, por uma linha pontilhada –, da mesma forma que está interligado à organização responsável pela linha de produtos associada a equipamentos médicos. Eunam tem prioridades com cada uma das três organizações, e às vezes elas entram em conflito. Do ponto de vista do grupo de produtos e do departamento de marketing, a coisa certa a fazer pode nem sempre ser a melhor, a curto prazo, para o balanço contábil irlandês.

Eunan não tem planos de deixar a Irlanda, portanto seu relacionamento com o gerente-geral irlandês e com os colegas locais são de importância vital para o futuro de sua carreira. O diretor de marketing e o gerente-geral irlandês se relacionam com dificuldade e, às vezes, se hostilizam. Como Eunan pode conseguir equilibrar essas pressões?

É importante que uma estrutura matricial não provoque certa competição por lealdade a ponto de quebrar uma pessoa em dois. Deveria ser possível ter orgulho de ser irlandês, de ser um profissional de marketing e de fazer parte de uma organização de linha de produto. Em um padrão matricial bem-sucedido, esses interesses se alinham.

Lealdade conflitante ou mal resolvida pode causar atrasos e confusões. Na falta de alinhamento de interesses, as pessoas podem tentar resolver o dilema escolhendo soluções que reflitam suas preferências pessoais, mas não os interesses da organização como um todo.

O QUE INCENTIVA A LEALDADE NO TRABALHO?

Pedimos que as pessoas identificassem quais fatores atraem sua lealdade para o contexto local e quais atraem para o contexto central ou corporativo. Utilizo a palavra "centro" em vez de "global", "corporativo" ou "matriz global" porque cada pessoa pode definir seu "centro" de forma diferente, dependendo da função que desempenha na empresa. Para alguns o centro é um escritório regional, enquanto para outros é um país, região ou a matriz global. O dilema da lealdade dividida ocorre em todos esses níveis.

Fatores que tipicamente atraem a lealdade para o âmbito local

Quando perguntamos às pessoas o que atrai sua lealdade para o contexto local, elas pensam em fatores como:

- **Relacionamentos e redes sociais.** Fatores mais fáceis de cultivar com outras pessoas que trabalham no mesmo lugar, compartilhando o mesmo idioma e a mesma cultura. A comunicação informal reforça essa tendência.
- **Compartilhamento de experiências e história.** Isso pode ocorrer no âmbito corporativo (todas as organizações já foram locais antes de se tornar globais) ou no âmbito individual, quando as pessoas compartilham suas experiências, sua educação e seu senso de humor, facilitando o cultivo dos relacionamentos.

- **Desenvolvimento profissional.** A maioria das pessoas não planeja se mudar para outros países ou regiões, mas antecipa o próximo avanço na carreira no respectivo âmbito local.
- **Hierarquia local.** Muitas pessoas possuem objetivos locais, são subordinadas a hierarquias locais e trabalham com conteúdos e relatórios gerados localmente. A maior parte dos empregos é local.
- **Estruturas jurídicas.** Diferenças de leis trabalhistas, convenções contábeis, regulamentos e estatutos comerciais podem forçar uma conformidade às exigências locais.
- **Clientes locais.** A maioria dos clientes não é global e não dá a mínima ao fato de sua empresa ter políticas globais. Eles querem apenas soluções localizadas para seus problemas locais.
- **Proximidade.** As necessidades locais tendem a ser mais imediatas, urgentes e de curto prazo (em especial quando o cliente bate à sua porta). Isso contrasta com as iniciativas globais – de longo prazo e maior importância.

Fatores que tipicamente atraem a lealdade para o centro

Em geral, as pessoas acham mais difícil definir quais são os itens desta lista. Os fatores que afirmam atrair sua lealdade ao centro frequentemente incluem:

- **Estratégias.** Se a estratégia for global, as pessoas vestem a camisa da empresa e se concentram em metas abrangentes, que vão além dos interesses locais.
- **Visões e valores.** Muitas organizações de porte fazem campanhas de "visão e valores" compartilhados, com o propósito de criar uma atmosfera de alinhamento e identidade.
- **Grandes projetos.** Alguns gestores são expostos ao trabalho global pela primeira vez, quando se envolvem em projetos corporativos de ampla divulgação e alta visibilidade.

- **Interesse profissional ou técnico.** Com frequência os projetos globais são os mais profissionalmente desafiadores, mais bem financiados e tecnicamente mais interessantes.
- **Diretoria.** Como os diretores-gerais tendem a se alinhar por trás da mensagem global, os subordinados devem fornecer dados e tomar iniciativas que apoiem tal mensagem.
- **Clientes globais.** Embora a maior parte dos clientes seja local, clientes globais quase sempre são vultosos e tendem a gerar receitas (assim como problemas) muito maiores para a empresa.

Alguns fatores atraem indivíduos tanto para o local quanto para o centro, dependendo da função que exercem.

Fatores de influência variável vinculados a funções individuais

- **Gerência de linha.** Se seu chefe for local, sua lealdade tenderá a ser local. Também é provável que outros fatores de gestão de linha, como estabelecimento de metas, avaliações, gestão do desempenho etc., venham a fortalecer sua prioridade local.
- **Medições fundamentais.** As pessoas se concentrarão nos critérios de avaliação e recompensa. Se suas medições fundamentais de desempenho, assim como as receitas pelas quais você responde, forem locais, então espere que o enfoque dos subordinados seja local.
- **Recompensas.** Em funções locais as recompensas são localmente determinadas. Em funções globais, globalmente determinadas.
- **Desenvolvimento profissional.** Pode exercer influência local ou global, dependendo do próximo patamar almejado em sua carreira profissional.

Esses fatores são algumas das "chaves do desenvolvimento comunitário" – os elementos práticos que produzem lealdade e comunidade nas organizações complexas.

Utilizando as chaves para cultivar sua comunidade

O princípio para o cultivo comunitário nos níveis corretos é simples: **alinhe as chaves do desenvolvimento comunitário aos seus objetivos**. Quanto mais você quiser atrair lealdade para sua equipe complexa, mais terá de cultivar relacionamentos, contatos sociais e uma cultura compartilhada. Quanto mais precisar de lealdade, mais você terá de assumir o controle dos processos de gestão funcional, de recompensas e de desenvolvimento profissional. Contudo, quanto mais você precisar cultivar sua comunidade, mais tempo e dinheiro terá de investir.

O que aprendemos com as muitas discussões sobre esse dilema é que **a lealdade é um fenômeno naturalmente local**. Se você não fizer nada para atrair lealdade para o centro, o modo-padrão para a maioria das pessoas será a lealdade local.

"Trabalhei para uma empresa holandesa por dez anos; fomos adquiridos por uma multinacional norte-americana. Toda minha história, meus amigos e meus clientes são locais. Sou pago por resultados locais e jamais conheci alguém da matriz pessoalmente. Agora recebi um e-mail da matriz dizendo que devo 'pensar globalmente'. O que significa isso?"

GERENTE DE COMUNICAÇÕES,
AGÊNCIA DE RELAÇÕES PÚBLICAS

A comunidade local tem todas as vantagens: as pessoas são socialmente mais parecidas e estão todas no mesmo lugar; têm muitas

Quais são as chaves do desenvolvimento comunitário que atraem sua equipe?		
Chaves do desenvolvimento comunitário	**Exerce atração para o local?**	**Ou para o centro?**
Relacionamentos pessoais		
Contatos sociais		
Cultura e idioma		
História		
Carreira		
Subordinação hierárquica		
Comunicação		
Legislação ou regulamentos		
Conteúdo do trabalho		
Lucro ou prejuízo		
Medições de desempenho		
Clientes		
Proximidade		
Estratégia		
Visão e valores		
Interesses profissionais		
Seu gerente		
Salário e bonificações		
Seus objetivos		
Outros fatores		

oportunidades de interagir e de conhecer os colegas a fundo. Assuntos e clientes locais são imediatos, urgentes e cativantes. A maioria dos fatores humanos que incentiva a comunidade a crescer é local. Enquanto estratégia e visão atraem pessoas, o coração é local.

Como em qualquer investimento de negócios, é necessário saber onde é melhor investir para obter os melhores resultados. As três perguntas fundamentais que você deve responder para aplicar isso à sua organização ou equipe são:

- O que você está tentando realizar através da comunidade?
- Onde você quer concentrar o enfoque de lealdade e de comunidade?
- De que grau de desenvolvimento comunitário você precisa?

O QUE VOCÊ ESTÁ TENTANDO REALIZAR ATRAVÉS DA COMUNIDADE?

Antes de tomar uma decisão de negócios que promova o desenvolvimento da comunidade, identifique com clareza a razão de tal necessidade – em que isso vai ajudá-lo e quanto vale para você? Um sentimento de comunidade, confiança e lealdade pode ajudá-lo de maneiras muito palpáveis e de fácil mensurabilidade: acelerando a cooperação, reduzindo a rotatividade do quadro de funcionários e estimulando a conclusão rápida de projetos e outros objetivos. Também produz grande impacto sobre elementos intangíveis como astral, estado de ânimo e espírito de equipe, coisas que as empresas buscam avaliar pelas pesquisas de ambiente social e de opinião.

Antes de decidir quanto investir – ou se deve investir – em sua comunidade, reflita sobre as seguintes questões:

- Qual é a proposta de sua comunidade?
- Quais metas do negócio seriam auxiliadas pela comunidade?

ONDE VOCÊ QUER CONCENTRAR O ENFOQUE DE LEALDADE E DE COMUNIDADE?

Para decidir onde você quer direcionar o foco de lealdade e comunidade em sua organização, opte pela clareza e pela simplicidade. Isso é mais fácil realizar no topo e na base de uma empresa que no meio.

Como você quer que grupos diferentes em sua organização reajam ao dilema da lealdade dividida? Se fosse em minha empresa:

- Eu iria querer que minha diretoria dedicasse sua lealdade ao centro.
- Eu iria querer que meus funcionários locais sentissem forte orgulho e identidade em relação à organização, mas por motivos práticos e financeiros eu desejaria que a maior parte da lealdade deles se voltasse para o contexto local.
- Eu aceitaria que, na realidade dos gerentes de médio escalão, provavelmente haveria conflitos entre os dois extremos e os treinaria e equiparia para lidar com isso.

Percebe-se que esses três grupos possuem necessidades comunitárias distintas e contrastantes (veja o diagrama).

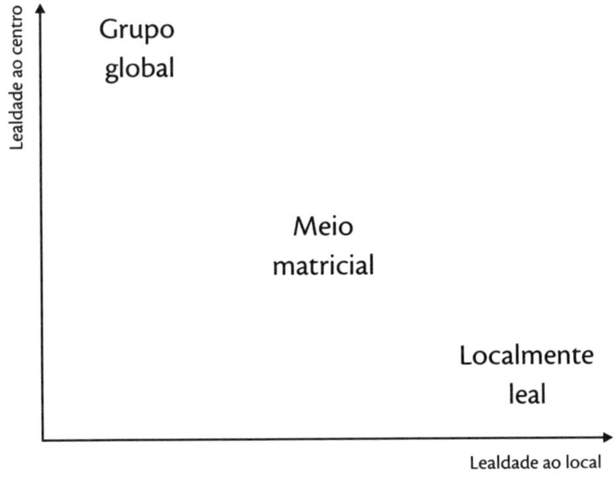

Grupo global

Quando pela primeira vez me interessei em saber como estabelecer um grupo de gestores globais, fui visitar algumas empresas do ramo petroquímico que me pareciam ter mais experiência em fazê-lo do que a maioria. Quando perguntei qual era o segredo, obtive uma ótima resposta de um diretor de RH francês:

"Não existe segredo, é muito simples. Primeiro, recrute pessoas do mundo todo em proporção aos seus negócios. Se 10% dos negócios são na Nigéria, então 10% dos gerentes devem ser nigerianos.

Segundo, misture-os, mova-os, coloque-os em equipes de projeto em outras culturas, transfira-os para outros países, expatrie outros gerentes para dentro e fora da Nigéria. Se você não os expuser ao mundo, como espera que se tornem gestores globais?

Terceiro, se você fizer apenas essas duas coisas, então em até cinquenta anos terá desenvolvido um grupo de gestores verdadeiramente global."

Sempre conto essa história nas empresas que, de forma autocrítica, lamentam que seus processos de desenvolvimento gerencial não estejam inundando a organização com gestores globais experientes, mesmo após dez anos de esforços para tal fim. Isso leva tempo.

Mesmo em grandes empresas, o grupo global envolve, em geral, centenas em vez de milhares de pessoas. Seus membros devem ser leais à empresa global, e não a qualquer âmbito local. Isso significa que o centro deve controlar suas "chaves de desenvolvimento comunitário". Recompensas, desenvolvimento, carreiras e identidades devem se alinhar aos interesses da empresa global como um todo.

Esses grupos globais demoram para se desenvolver, mas há maneiras de acelerar o processo:

- Contrate pessoal na variedade ou diversidade correta.

- Conecte-os e misture-os; dê a eles várias oportunidades de trabalhar em conjunto.
- Empenhe-se de maneira direta no desenvolvimento de uma cultura corporativa comum, da qual possam usufruir.
- Alinhe ao centro as chaves de desenvolvimento comunitário.

No passado, criar um grupo gerencial internacional envolvia muitas expatriações. Isso se tornou muito caro – a expatriação de um gestor em uma missão de três anos custa mais que 1,3 milhão de dólares. Hoje são mais comuns as missões de curto prazo, o trabalho virtual e as viagens de negócios.

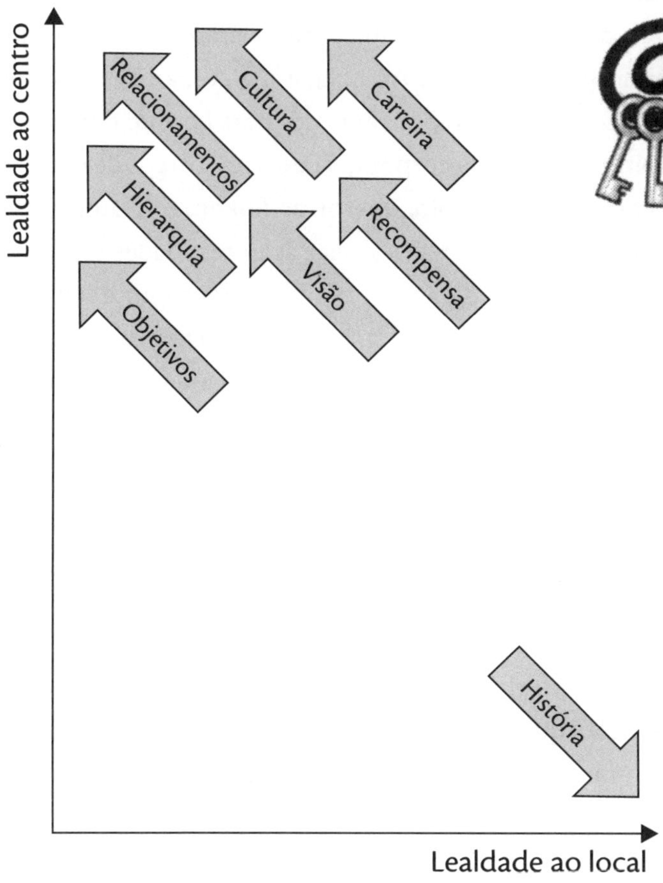

É importante para o grupo global promover oportunidades de interação e maior visibilidade entre os membros. O cultivo de uma atmosfera comunitária e o compartilhamento de valores entre os participantes globais são essenciais.

Esse enfoque nas necessidades e interesses da organização como um todo pode entrar em conflito com a lealdade do grupo com as operações locais. Nesse caso, é preferível que o grupo global opte pelo centro em vez do local. Em muitas organizações, a rotatividade no emprego e outros fatores de mobilidade deslocam as pessoas com muita rapidez, o que dificulta a criação de raízes em cada lugar.

Nas décadas de 1960 e 1970, era comum que as empresas globais do ramo petroquímico expatriassem gestores por vários anos. Em geral, esses gestores vinham de uma cultura dominante na empresa, como aquela de onde a organização se originava. Ao chegar a alguma operação local, os gestores eram vistos como "espiões", a postos para ficar de olho nas operações locais, promover a cultura corporativa e aceitar cargos de monitoração importantes, como, por exemplo, diretor de finanças. Alguns desses gestores se associaram de forma mais estreita às necessidades das operações locais, até mesmo a ponto de apoiar o âmbito local em detrimento do centro. Em tempos menos politicamente corretos, chamávamos essa postura de "virar índio", que significava que já era hora de transferir o sujeito para outro local ou tirá-lo da empresa.

Os localmente leais

Na maior parte das organizações globais, os localmente leais consistem de 80% a 90% dos funcionários das empresas. Pertencem às operações de manufatura, vendas locais e equipes de apoio ao varejo. São aqueles que servem dos 80% a 90% de clientes totalmente locais. É muito fácil que a diretoria de uma organização complexa se esqueça de que, para vários de seus funcionários e clientes, a vida é muito mais objetiva e localmente enraizada.

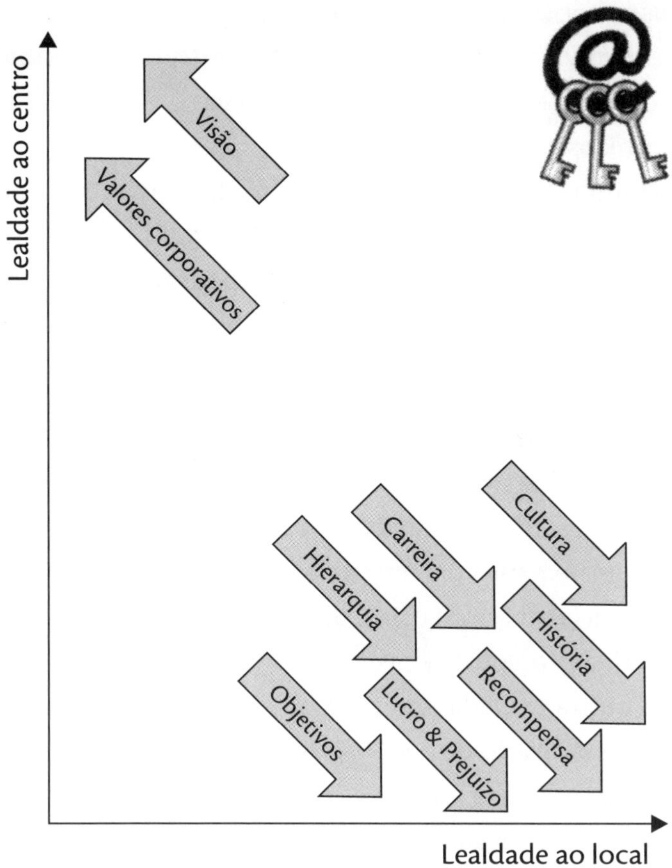

É claro que é desejável que as pessoas que exercem funções locais se sintam orgulhosas da organização como um todo. É importante que elas se comprometam com as práticas e iniciativas da empresa. Contudo, na verdade, há pouco benefício em tentar arraigar uma cultura comum entre fábricas e lojas ao redor do mundo. É muito caro criar e manter essa cultura comum, que pode alienar clientes e funcionários regionais que buscam soluções localizadas para problemas locais. Pode ser suficiente que as instalações locais cooperem umas com as outras e trabalhem de acordo com planos comuns. Farei algumas recomendações sobre como desenvolver uma cultura corporativa unificada no Capítulo 8.

Na busca por simplicidade e eficácia, alinhe a maioria das chaves com o desenvolvimento comunitário desse grupo ao âmbito local. Adicionar dimensões e complexidades globais só aumentará os gastos e causará atrasos.

Em algumas empresas, existe uma tendência de espalhar as funções internacionais além dos limites da organização, em um processo que chamo de "inchaço global de responsabilidades".

Robert é o diretor executivo de uma organização que cresceu por intermédio de aquisições. Os diretores de cada empresa do grupo adotam uma visão de negócios estreita, que considera apenas o próprio país, o que faz de Robert e sua equipe de finanças os únicos que pensam globalmente. Robert quer uma equipe administrativa mais integrada, então criou uma organização funcional regional. Jan, diretora de uma filial estrangeira, foi promovida a diretora global de marketing.

Jan está frustrada. Os diretores de marketing de cada país ainda pensam localmente. A informação de que ela precisa para trabalhar é fragmentária. Ela reorganiza o marketing e envolve diretores e executivos de alto escalão com responsabilidades regionais e globais.

Cada um desses diretores se reúne com os subordinados regionais diretos, mas, por incrível que pareça, persistem em pensar localmente. Logo, até mesmo alguns gerentes de base acabam sendo incumbidos de responsabilidades internacionais, à medida que a complexidade se infiltra de forma excessiva nos níveis da organização.

Vai levar mais uns dois anos até que a falta de foco nas operações locais combinada com um orçamento de viagens em disparada provoquem mais uma reorganização que empurre as responsabilidades regionais de volta para cima.

Quanto mais pudermos preservar a simplicidade local, mais rápidas e econômicas permanecerão as operações locais.

O segmento médio do organograma matricial

Nas maiores multinacionais, estes são os poucos milhares de gestores que se encontram no meio da hierarquia, entre o grupo global e os localmente leais. Eles têm a difícil tarefa de harmonizar os conflitos entre lealdades. Também costumam ter um pé em cada lado da cerca e acabam sendo puxados em ambas as direções. É necessário tomar decisões específicas para determinar onde a lealdade dos gestores do centro deve se concentrar, dependendo da função exercida por cada um.

O segredo é alinhar devidamente as chaves do desenvolvimento comunitário. Se seu gerente tiver responsabilidades locais, com plano de bonificações local, mais um plano de carreira que preveja promoções locais, e mesmo assim a nova estratégia disser "Não se esqueça de pensar globalmente", você vai precisar de muita sorte!

De certa forma, a organização matricial permite que gestores de alto escalão possam pensar de modo unidimensional. Gestores que ocupam o topo do organograma matricial podem alternar o foco entre o país, a função setorial ou a linha de produtos. Gestores do meio podem receber instruções de diferentes ramificações hierárquicas. Estes últimos precisam das informações, das habilidades e da autoridade necessárias para administrar esses dilemas estruturais, pois, do contrário, se verão em situações insolúveis e terão de apelar aos superiores para tomar decisões.

Um problema comum no estágio inicial do desenvolvimento da hierarquia intermediária ocorre quando a estratégia apoia mais o trabalho central e os projetos globais enquanto permanecem as medições e estruturas contábeis locais. É comum que haja divergência entre estratégia e realidade no que diz respeito ao que é mensurado e recompensado.

Alícia é responsável pela conta de resultados de sua organização no Brasil. Seu chefe é diretor para a América Latina e a supervisiona estreitamente no que concerne às metas de faturamento para o Brasil.

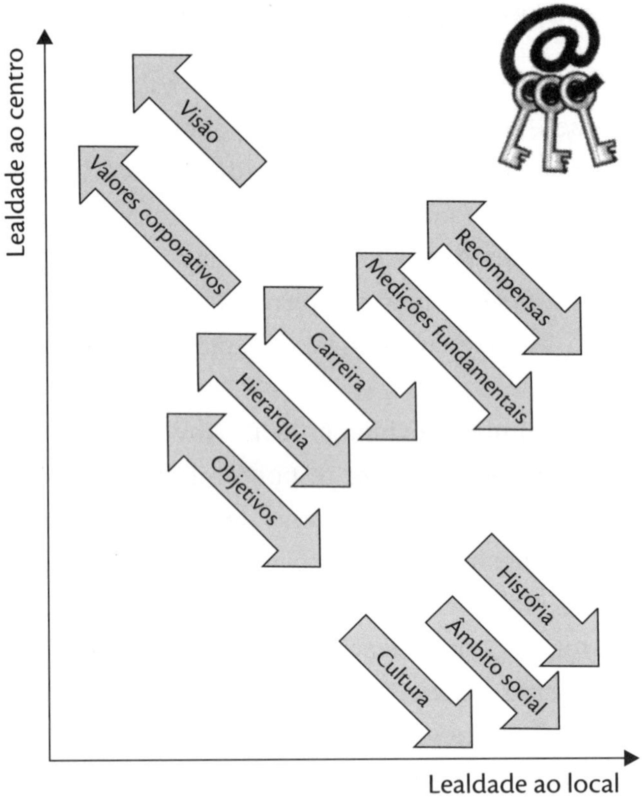

Alícia é responsável pelo lançamento de um produto no Brasil como parte de uma série de lançamentos de produtos de alcance global. De modo geral, não deve ser um produto de grande aceitação no Brasil, mas algumas filiais globais insistiram que o produto fosse disponibilizado mundialmente, por isso a infraestrutura tem de ser montada em todos os mercados. O centro global de pesquisa e desenvolvimento, em conjunto com o marketing, está pressionando Alícia para que o lançamento do produto não atrase. Ela sabe que essa prioridade é de grande visibilidade.

O impacto disso em sua conta local de resultados é negativo, em especial nos próximos doze meses. O faturamento das vendas do novo produto é inicialmente baixo, e a maior parte dos gastos é incorrida no lançamento. Do ponto de vista brasileiro o produto pode nunca vir a ser lucrativo, embora seja importante para o grupo como um todo.

O plano de bonificações de Alícia é 100% baseado em metas de resultado locais. Que rumo ela deve tomar?

Quando objetivos, medições e recompensas estão em descompasso, pode haver muita pressão sobre quem está preso ao meio. Para fazer o que for melhor para a organização como um todo, Alícia terá de desapontar o chefe e poderá pessoalmente perder dinheiro – uma situação insustentável.

Pessoas que se encontram no meio de hierarquias matriciais precisam aprender novas habilidades:

- Precisam ser capazes de gerir atividades sem a tradicional linha hierárquica de comando.
- Precisam da habilidade de cooperar a distância com colegas de outros lugares, culturas e países.
- Precisam ser hábeis na gestão de um ambiente complexo, estruturado de acordo com organogramas matriciais, com vários chefes, prioridades conflitantes e frequente apelação ascendente do processo decisório.

A lealdade no meio matricial muda com o tempo. Haverá pressões constantes de ambas as direções. Às vezes a organização precisará direcionar mais decisões para o centro, às vezes as decisões serão tomadas de forma mais local. O segmento médio da hierarquia matricial deve harmonizar essas pressões todos os dias para o bem da organização.

É importante compreender que não existe resposta definitiva para a questão da preferência entre os âmbitos global e local ou entre funções setoriais e linhas de produtos. Todas essas coisas são importantes e precisam ser abordadas de maneira positivamente equilibrada.

Utilize o exercício das chaves do desenvolvimento comunitário para identificar as pressões exercidas sobre as pessoas que se encontram no meio do organograma matricial. Será que o equilíbrio é adequado à estratégia? Será que a lealdade local está interferindo na realização dos objetivos globais, ou vice-versa? Preste atenção especial aos planos de compensação e às subordinações hierárquicas para que estimulem o comportamento esperado.

Se as chaves do desenvolvimento comunitário não estiverem alinhadas de forma clara e consistente, haverá atrasos, confusão e dispêndios adicionais. Nesse complexo segmento médio é improvável que se consiga clareza com perfeição, por isso é necessário equipar rapidamente as pessoas para lidar com os dilemas estruturais.

Com quanto desenvolvimento comunitário você consegue arcar?

Você precisa decidir quanto tempo, esforço e investimento estará disposto a aplicar no desenvolvimento do espírito comunitário. Em alguns casos, uma comunidade sólida pode ser essencial ao sucesso. Em outros, você pode descobrir que não consegue controlar as chaves do desenvolvimento comunitário – ou que não vale a pena fazê-lo – e que terá de arcar com as consequências.

Seguem três perguntas que o ajudarão a determinar isso de forma realista:

- Quais chaves de desenvolvimento comunitário você pode controlar?
- Quanto vai lhe custar o uso de cada chave?
- Valerá a pena, levando em conta os benefícios?

Em situações extremas que envolvam sua equipe virtual, pode ser que bem poucas chaves estejam à sua disposição, mas mesmo assim pode ser possível realizar o trabalho.

Sirikit administra a implementação de uma série de projetos de curto prazo na área de TI. Em geral, a implementação de cada projeto leva em

Chaves do desenvolvimento comunitário	**Você pode controlar esta chave?**	**Quanto vai lhe custar o uso desta chave?**	**Valerá a pena, levando em conta os benefícios?**
Relacionamentos pessoais			
Contatos sociais			
Cultura e idioma			
História			
Carreira			
Subordinação hierárquica			
Comunicação			
Legislação ou regulamentos			
Conteúdo do trabalho			
Lucro ou prejuízo			
Medições de desempenho			
Clientes			
Proximidade			
Estratégia			
Visão e valores			
Interesses profissionais			
Seu gerente			
Salário e bonificações			
Seus objetivos			
Outros fatores			

média quinze dias e conta com recursos das funções de TI de várias filiais locais. Formalmente, ela não tem qualquer relacionamento hierárquico com os funcionários das filiais e não pode influenciar objetivos, premiações ou carreiras. Sirikit identificou apenas três chaves importantes que podia utilizar:

- ▷ **Interesse pelo emprego.** Os projetos produzem variedade no trabalho diário das pessoas.
- ▷ **Desenvolvimento profissional.** Com frequência seus projetos aplicam novas tecnologias que os profissionais de TI anseiam conhecer.
- ▷ **Relacionamentos.** Ela se esforça muito para manter as pessoas envolvidas, bem informadas e sentindo-se valorizadas.

Sirikit descobriu que, ao se concentrar nessas chaves, não teve problemas para cultivar o interesse e o comprometimento necessários à implementação de seus projetos. De fato, ela desconfia de que motivar as pessoas deve ser uma tarefa mais fácil para ela que para os gerentes de linha, que têm muitas outras coisas com que se preocupar.

Não se esqueça: a falta de investimentos no desenvolvimento comunitário não implica que comunidades não se formem – elas apenas se formarão no âmbito local. As pessoas sempre vão buscar o preenchimento de suas necessidades comunitárias. Se você não proporcionar tal preenchimento em suas equipes, os membros vão preencher essa necessidade em outro lugar – o que pode levar à deslealdade, ou seja, os funcionários poderão ir para outras organizações.

Não subestime o poder das chaves do desenvolvimento comunitário. Vínculos relacionais e contatos sociais podem até mesmo se sobrepor a controles financeiros e rumos estratégicos.

Um grande fornecedor britânico de serviços terceirizados de TI prosperou ao assumir as tarefas básicas de cobrança de seus clientes, prestando-lhes esse serviço com maior eficiência. Uma condição para a contratação foi a disposição em aceitar que os funcionários responsáveis pela cobrança fossem transferidos das empresas contratantes para a empresa terceirizada, tornando-se empregados desta, embora permanecessem nos antigos postos de trabalho nas empresas contratantes.

O fornecedor britânico descobriu que os indivíduos que nominalmente se tornaram seus funcionários permaneciam mais leais ao cliente – com os quais tinham, com frequência, um longo histórico de relacionamento estreito – do que à nova empresa. Isso se manifestava em horas extras não declaradas, pois os funcionários não queriam que os antigos colegas pagassem mais por seus serviços.

Esse tipo de dificuldade é comum a vendedores externos. Sua comunidade principal são os clientes, e não os colegas. Quando a lealdade se sobrepõe, os vendedores acabam priorizando as necessidades dos clientes em detrimento do que seja correto para a empresa.

Existe uma pressuposição nas organizações tradicionais de que as pessoas obterão estímulo e contato social do grupo de indivíduos com os quais trabalham. Tal pressuposição pode não refletir a realidade em um ambiente de "equipes virtuais" que sofra constantes transformações.

Uma escolha razoável é separar o grupo de trabalho do grupo comunitário. Algumas organizações de consultoria já desenvolveram os conceitos de gerente anfitrião e gerente de atividades.

Na estrutura a seguir, o "gerente anfitrião" tailandês é responsável por funções tradicionais de gerência de linha: desenvolver um acervo de funcionários a serem pagos, treinados e motivados pela operação tailandesa. O gerente de atividades, que pode se situar em qualquer lugar na empresa, é responsável por encabeçar um projeto ou uma equipe de um cliente, angariando recursos das organizações anfitriãs locais relevantes. A tarefa do gerente de atividades é fazer com que o trabalho seja feito. Concluído o projeto, as pessoas retornam às organizações locais.

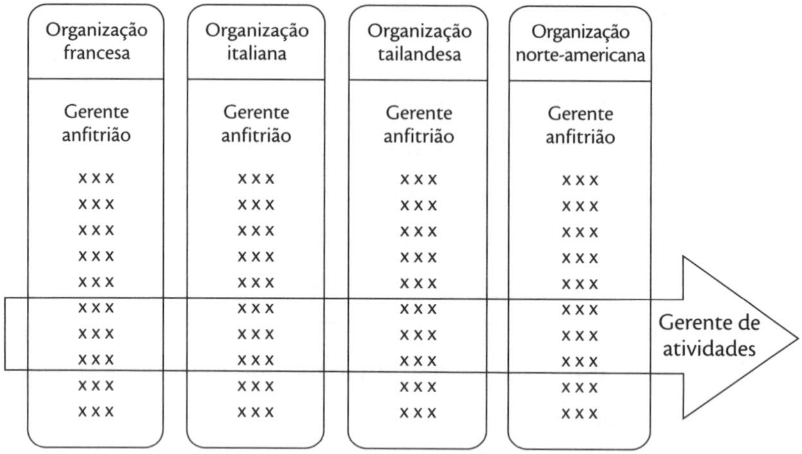

Essa estrutura não soluciona o problema da lealdade em conflito, e pode-se imaginar a tensão entre os gerentes anfitriões e os gerentes de atividades. O que ela faz, porém, é discriminar as funções com clareza e focá-las ou na comunidade, ou na atividade. Isso pode ser proveitoso, em especial em organizações impulsionadas por projetos.

Se você tem fundos limitados para investir no cultivo comunitário, priorize da seguinte maneira:

- Cultive uma comunidade forte em seu grupo local.
- Invista nas habilidades e nos processos do segmento matricial intermediário.
- Cultive um sentimento de identidade entre os funcionários localmente leais, mas seja realista quanto até onde você pode ou precisa levar tal empenho.

Cultivando a comunidade local

O cultivo de uma comunidade local é relativamente simples. Comunidades locais têm todas as vantagens da proximidade e semelhança, e tudo que deve ser feito é oferecer as oportunidades para que se formem.

Contudo, mudanças nas práticas das empresas nos últimos vinte anos extinguiram o desenvolvimento comunitário.

Meu primeiro emprego foi na fábrica de uma grande empresa de telecomunicações em Londres. Quando entrei, mais ou menos 4.500 pessoas trabalhavam no local. Havia restaurantes, um clube social, um clube de desportos e um departamento de bombeiros e paramédicos. Parecia ser uma pequena cidade. Até os funcionários aposentados eram convidados a almoçar lá uma vez por semana.

Eu fazia parte de um programa de integração com outras pessoas da minha faixa etária. Rapidamente fiz contatos em uma variedade de contextos diferentes. Conheci pessoas no clube social que jamais conheceria no meu ambiente normal de trabalho. Fiz novos amigos, assim como colegas de trabalho. Analisando em retrospectiva, o sistema criou redes e padrões de interação que atravessavam níveis, funções e departamentos.

Vinte anos mais tarde, visitei o mesmo local, agora parte de uma grande multinacional. A fábrica fora fechada e havia apenas 600 funcionários trabalhando em um novo e moderno edifício. Nenhuma atenção era dada à comunidade, e por volta das 18 horas o local ficava deserto. Após o expediente todos iam direto para casa. A comunicação entre os funcionários era insignificante. Apenas um grupo parecia ter mantido certo grau de interação: os fumantes. A única forma de conhecer pessoas de outros departamentos ou andares era encontrando-as fora e sob chuva para fumar e fofocar.

Atividades sociais, dias de empresa aberta a visitação (*open days*) e demais eventos podem ajudar no cultivo de lealdades locais. Dê às pessoas razões e oportunidades para interagir e elas não o desapontarão.

CULTIVANDO COMUNIDADES EM GRUPOS-ESTRELA

Grupos-estrela não precisam de profundo sentimento de comunidade para realizar tarefas. Enquanto houver bom relacionamento entre subordinados e chefe, o grupo funcionará. Por haver relativamente pouco contato entre os participantes que atuam no modo grupal, apenas uma tênue ligação social se forma entre eles.

Encontro muitos gestores que acreditam que equipes são a resposta a todas as situações. Com frequência eles participam de nossos programas de treinamento com o objetivo de "melhorar o espírito de equipe". Estão genuinamente preocupados com o fato de os subordinados não estar interagindo e estabelecendo fortes laços de amizade. Quando descobrem que, de fato, estão gerindo um grupo, sentem-se bastante aliviados, porque agora poderão se concentrar nos relacionamentos unidirecionais.

Os grupos apresentam melhor desempenho quando inseridos em uma cultura corporativa que possua razoável sentimento geral de comunidade (veja a seguir).

CULTIVANDO COMUNIDADES EM EQUIPES-NOVELO

Em equipes-novelo cujos membros colaboram entre si por algum tempo, vale a pena tentar cultivar o sentimento comunitário e o espírito de equipe. Você deve prestar muita atenção ao cultivo de relacionamentos e de confiança em organizações complexas porque:

- Distância e falta de comunicação podem prejudicar a confiança.
- Em geral as pessoas não se conhecem tão bem quanto se conheceriam em equipes locais e não gozam de muita convivência informal.
- Diferenças culturais podem levar a desentendimentos.
- Objetivos e assuntos locais podem minar a cooperação a distância.

Os princípios fundamentais para cultivar o espírito de equipe em equipes complexas são:

- **Fique cara a cara sempre que puder**. Todos perceberão que, assim que conhecerem alguém pessoalmente, até os e-mails melhorarão. Se você tem a oportunidade de se encontrar pessoalmente com alguém, ou de contatá-lo por videoconferência, faça-o o quanto antes. Pesquisas sobre o grau de confiança depositado em papéis revelam que as pessoas confiam mais facilmente em um documento se houver a fotografia anexada de um rosto humano. Incluir uma foto pode ajudar muito a quebrar o gelo. Se você tiver apenas uma oportunidade de conhecer pessoalmente os colegas de equipe, faça isso logo no início, quando o impacto será maior.
- **Comunique-se desde o início e com frequência**. Faça contato pessoal, mesmo que possa fazê-lo apenas por telefone, mantenha contato e abra os canais de comunicação. Quanto mais isso for protelado, maior será a chance de barreiras e desentendimentos surgirem.
- **Administre as interações logo no início para estabelecer confiança**. Faça esforços adicionais para entregar tudo no prazo e comunique as razões para quaisquer atrasos, e assim por diante.
- **Torne claras as expectativas mútuas**. Sejam explícitos sobre como trabalharão juntos, bem como sobre o que será entregue por ambos, e discutam quaisquer áreas nas quais essas expectativas não sejam compartilhadas.
- **Cumpra suas promessas**. A melhor maneira de estabelecer confiança é ser você mesmo confiável e esperar a recíproca de outras pessoas. Se não corresponderem da forma esperada, pergunte o porquê. Pode haver bons motivos, e você deixou bem claro que notou a discrepância.
- **Certifique-se de que objetivos e processos distintos não estão vetando o progresso**. Procure compreender o mundo pela perspectiva dos outros e compartilhe com eles a sua própria perspectiva. Frequentemente uma compreensão mútua mais

clara de objetivos e limitações é capaz de revelar áreas nas quais a cooperação entre colaboradores pode ser mais eficaz.

- **Não seja tolerante demais.** Comece cooperando e depositando confiança, mas se você não for correspondido reaja com firmeza e procure chegar a uma situação mutuamente mais benéfica.
- **Divulgue seus sucessos.** Leve o tempo que for necessário para promover sua equipe para a organização. Não exagere, mas saiba que equipes remotas às vezes sofrem de pouca visibilidade e podem precisar de alguma divulgação adicional na empresa.
- **Divirta-se.** Um pouco de atividade grupal recreativa ajuda a criar novos pontos de conexão e a descobrir novos interesses comuns.
- **Permita que a equipe compartilhe momentos não planejados.** Quando as pessoas não passam muito tempo juntas, é tentador preencher totalmente os horários do dia com várias tarefas e negligenciar o contato com os colegas. Lembre-se de separar tempo suficiente para que as interações sociais aconteçam.
- **Crie, com frequência, subequipes distintas.** Dê a cada membro da equipe uma razão para trabalhar com os demais. Se as mesmas pessoas sempre trabalharem juntas, formarão "panelinhas".
- **Lide com o mau desempenho.** Um membro da equipe que apresente mau desempenho pode afetar a todos os colegas de forma negativa. Gerencie os integrantes de atuação fraca ou eles poderão prejudicar muito o espírito de equipe.
- **Lembre-se de que a comunidade se transforma cada vez que um novo membro ingressa na equipe.** Providencie para que os calouros possam conhecer a todos e se sintam parte da equipe.

Em equipes muito dispersas ou de vida curta, pode não ser prático cultivar muito mais que um sentimento básico de cooperação. Seja realista sobre o que pode ser realizado de verdade.

Uma empresa internacional de consultoria quis cultivar um sentimento comunitário mais profundo, objetivando incentivar a venda lateral de produtos e melhorar a coordenação de grandes negócios que se estendiam por vários mercados internacionais. A organização propôs contatos sociais extensos, o estabelecimento de equipes e dias livres para a ampliação das redes sociais. Quando perguntei que objetivos eles desejavam atingir, os únicos benefícios reais identificados eram obtidos pelo incentivo dado a um grupo específico de gerentes de conta, para que conversassem e estivessem cientes dos serviços que podiam compartilhar mutuamente.

Recomendei a esse grupo um cultivo comunitário muito mais direcionado, com uma reunião cara a cara para incentivar o compartilhamento de informações e algumas oportunidades sociais agregadas. O restante foi "legal de ter", mas de prioridade muito mais baixa e a um custo muito mais elevado.

Cultivando um sentimento corporativo de comunidade

Mesmo em "grupos" clássicos, como organizações tradicionais de vendas, existe a necessidade de um sentimento generalizado de comunidade que proporcione acolhimento e identidade.

O departamento de vendas de uma empresa de produtos de consumo tem enfrentado essa questão há muitos anos. Os vendedores se comunicam muito pouco uns com os outros nas atividades do dia a dia; cada indivíduo tem as próprias metas e território. A cada ano a empresa faz uma grande conferência nacional, famosa por três motivos.

Primeiro, a empresa investe pesado no cultivo da confiança, do entusiasmo e do orgulho. A diretoria comparece para expressar aos vendedores quão eles são importantes. Os departamentos de marketing e P&D anunciam novos produtos com grande alarde.

Segundo, eles comemoram o sucesso e motivam as pessoas para o ano seguinte; anunciam novos incentivos e reconhecem os vendedores que tiveram o melhor desempenho no ano que termina.

Terceiro, eles festejam. As conferências de vendas são famosas pelas longas noites, pelas demoradas discussões e pelo (às vezes duvidoso) cultivo de relacionamentos. Muitas vezes a coisa vai longe demais; aliás, a empresa aconselha aos diretores que se ausentem antes das 21 horas, evitando que sejam arrastados para atividades impróprias!

Os departamentos de vendas descobriram a importância do cultivo comunitário. Uma equipe externa de vendas pode ter apenas um único dia de contato cara a cara para cultivar sua comunidade, algo que uma equipe que trabalha no escritório pode fazer durante o ano todo. Espreme-se tudo ao máximo. As experiências compartilhadas proporcionam um acervo de histórias para o restante do ano. Você precisa ampliar essa mentalidade para além da força de vendas, a fim de que permeie em todas as suas equipes complexas.

O propósito de ter um sentimento geral de identidade em uma organização é estimular os funcionários a ter orgulho e identificação com as metas da empresa e facilitar a cooperação de cada um com colegas que ainda não conheçam pessoalmente. A menos que haja um sentimento comunitário "suficientemente" forte, podem surgir barreiras fatais à cooperação.

No que diz respeito ao cultivo comunitário em nível tão generalizado, existe um problema a ser enfrentado: é difícil quantificar os benefícios e propor uma tese que justifique a iniciativa.

Como acredito em tal coisa, posso decidir dedicar um dia inteiro em cada uma de nossas três convenções anuais de equipe exclusivamente ao cultivo comunitário. Eu e minha equipe escolhemos atividades que estruturam nosso dia sem nos ocupar em demasia. Passamos o tempo juntos em pequenos subgrupos interativos, com alternância de participantes, de modo que as pessoas possam se conhecer, conversar e relaxar. O dia termina cedo e então aproveitamos um fim de tarde agradável durante o jantar e depois no bar. Este é um dos aspectos mais valiosos de nossa cultura corporativa, pois nos ajuda a sustentar a comunidade no restante do ano, quando raramente nos encontramos.

Sei como pode ser difícil defender essa proposta em organizações de porte. Na maioria das empresas é complicado requisitar tempo e orçamento para que as pessoas possam "apenas relaxar, renovar os relacionamentos e se conhecer melhor". É muito mais fácil obter fundos para reunir as pessoas e colocá-las o dia todo sentadas assistindo a apresentações irrelevantes de *PowerPoint*. Pode ser que você tenha de se valer de tal argumento como desculpa e separar algum tempo após a reunião, no fim da tarde, para conectar as pessoas e cultivar sua importante comunidade.

A comunidade é a chave

Trabalhar em casa é uma tendência que dificulta ainda mais o cultivo comunitário. Vários estudos sobre o trabalho realizado em casa abordam as vantagens e desvantagens do ponto de vista da empresa e do funcionário.

Do ponto de vista do patrão, há produtividade e economia em não precisar oferecer o espaço físico e por ter menos interrupções no decorrer do dia. Pessoas com funções adequadas ao trabalho em casa são mais produtivas e custam menos à empresa. Empregadores se preocupam mais com autoridade e compromisso: será que os funcionários estão trabalhando duro e vestindo a camisa da organização ou será que estão tomando sol no jardim?

Do ponto de vista do funcionário, liberdade e flexibilidade são adoráveis. As pessoas gostam de ter o controle do próprio tempo. De modo invariável, no entanto, preocupam-se em perder os aspectos sociais do trabalho e a visibilidade na organização – questões tradicionalmente relacionadas à comunidade.

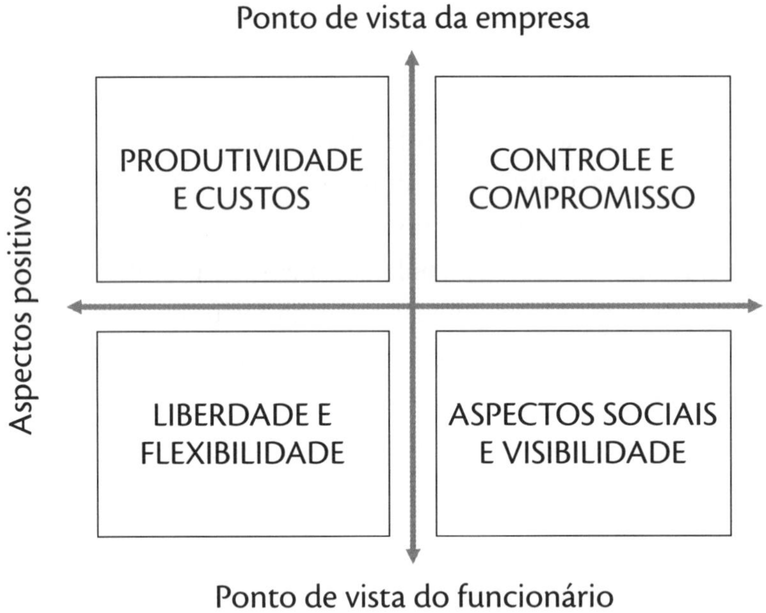

Lembre-se de que, mesmo que você decida não cultivar a comunidade em sua organização ou equipe, ainda assim as pessoas terão um sentimento comunitário **que só não será voltado a você**. Cultivarão as comunidades com os colegas locais, com os clientes ou apenas com os vizinhos do bairro. O grau em que sua organização necessita de desenvolvimento comunitário – e até que ponto pode sustentá-lo – é decisão sua.

Projeto organizacional em escala humana

Organizações complexas frequentemente são vultosas. Uma medida prática que você pode tomar para facilitar o cultivo comunitário é projetar as equipes e os departamentos de sua organização em uma escala mais humana. É difícil cultivar uma comunidade verdadeira de sessenta mil pessoas que nunca se encontram.

Para acelerar a formação de comunidades, organize as equipes em torno dos seguintes princípios:

- As pessoas formam naturalmente comunidades com outras que estão por perto ou com as quais tenham algo em comum – proporcione oportunidades sociais nas instalações locais.
- Posicione no menor número possível de lugares os grupos que realmente precisam trabalhar em conjunto no modo "equipe interconectada" (por exemplo, P&D interdisciplinar). O ideal seria colocá-los em apenas um lugar.
- Mantenha as equipes pequenas – quatro ou seis pessoas se conhecerão rapidamente se compartilharem um objetivo comum.
- Mantenha pequenos seus departamentos e instalações. Algumas organizações adotam um limite de 150 pessoas por instalação, pois com dimensões acima disso o ambiente se torna muito informal. Aparentemente esse número se deriva de vilarejos e clãs tradicionais que descobriram que esse é o tamanho máximo de uma comunidade que se autorregule.
- Crie oportunidades para que as pessoas se misturem com outras fora dos grupos normais de trabalho. Grupos de fumantes são prejudiciais à saúde dos membros. Grupos sociais voltados aos esportes e *hobbies* devem ser estimulados.
- Crie oportunidades para que as pessoas se interconectem – use os eventos da empresa, treinamentos e visitas para facilitar a formação de novos contatos entre os funcionários.

Acima de tudo, se você quiser cultivar uma comunidade genuína, forneça tempo suficiente para o contato cara a cara entre as pessoas.

Como isso vai aumentar a velocidade, a facilidade e a satisfação?

O cultivo de um nível adequado de comunidade permite que a cooperação entre membros de organizações complexas ocorra com mais rapidez. Ao incentivar a confiança, você reduz as barreiras e os custos potenciais envolvidos na cooperação e comunicação.

A compreensão de que em organizações complexas as comunidades são algo diferente pode ajudá-lo a parar de investir no cultivo comunitário quando não for necessário fazê-lo. Assim, você poderá focar tempo e esforços onde realmente produzirão resultados.

O trabalho entre colegas leais entre si aumenta a satisfação e permite que riscos e mudanças sejam administrados com segurança.

Colocando este capítulo em prática na sua organização

1. Identifique os fatores que levam a lealdade de sua organização a direções opostas.
2. Crie um mapa das chaves de desenvolvimento comunitário para sua equipe.
3. Seja claro quanto ao propósito e aos benefícios de sua comunidade.
4. Identifique quais chaves de desenvolvimento comunitário podem ser controladas e custeadas para uso em sua comunidade.
5. Considere onde o foco da lealdade deve se concentrar.
6. Quantifique o grau de comunidade necessário para a obtenção de resultados: você tem um grupo, uma equipe ou apenas necessita de um sentimento generalizado de identidade?
7. Alinhe as chaves do desenvolvimento comunitário à sua estratégia.

8. Se sua equipe estiver na região intermediária do organograma matricial, providencie para que tenha as informações, as habilidades e a autoridade necessárias para obter êxito nesse ambiente.
9. Restrinja o tamanho dos grupos e equipes sempre que possível.
10. Providencie tempo e espaço para o cultivo comunitário sempre que os membros de sua organização se encontrarem pessoalmente.

CAPÍTULO 8

Deixe meus valores culturais em paz

Empresas com forte cultura compartilhada levam vantagem na velocidade. Seus funcionários podem cooperar com mais agilidade, baseando-se em uma noção comum de "como fazemos as coisas por aqui". Com essa finalidade, muitas empresas investem pesado no cultivo de "valores corporativos" compartilhados. Ao mesmo tempo, as organizações querem atrair, motivar e reter um quadro de funcionários diversificado, assim como querem atrair uma clientela que possam compreender. A diversidade e o treinamento intercultural contribuem para que as empresas compreendam, valorizem e harmonizem essas diferenças.

Valores são incutidos no âmago do ser desde a mais tenra idade e são extremamente resistentes a eventuais mudanças. Nenhuma empresa tem o direito de esperar que eu mude meus valores pessoais – o que pode esperar é que, independentemente de minha cultura, eu possa adotar práticas compartilhadas que contribuam para maior eficácia na operação da empresa.

Organizações internacionais podem escolher um perfil cultural "correto" e um conjunto de práticas mais conducentes à cooperação rápida e bem-sucedida. Embora isso pareça politicamente incorreto, demonstrarei neste capítulo que a adoção de um conjunto claro de práticas compartilhadas contribui para maior inclusão, e não o contrário.

Para colher os frutos da diversidade cultural e minimizar eventuais atrasos e complicações, é necessário equilibrar três pressões:

- **Diversidade.** Variedade de pessoas necessárias à sua organização. Isso pode incluir sexo, etnia, idade, cultura, orientação sexual ou outras formas de variedade, dependendo de sua localização no mundo e do caráter atual de seu negócio. No contexto de equipe, os benefícios da diversidade incluem mais criatividade e um processo decisório enriquecido pelo acesso a vários pontos de vista. O preço da diversidade, porém, inclui um processo decisório mais demorado, assim como atrasos relacionados a mal-entendidos e divergências em métodos de trabalho.

- **Inclusão.** O debate nas grandes empresas, em especial nos Estados Unidos, ultrapassou a questão da diversidade (trazer variedade para a empresa) e chegou a um enfoque maior na questão da inclusão, ou seja, na criação de um ambiente no qual todos podem contribuir e obter êxito. Isso pode englobar amplas atividades para o desenvolvimento de uma cultura corporativa que valorize diferenças. Pode incluir, ainda, a introdução de políticas e práticas específicas, concebidas para atrair, motivar e reter pessoas com diferentes necessidades, vontades e preferências de trabalho.
- **Coerência.** As empresas estão cheias de mecanismos projetados para moldar o comportamento dos funcionários em torno das pretensas necessidades do negócio. Você pode recrutar com base em uma especificação que defina o tipo de funcionário que procura; você treina, avalia e desenvolve os candidatos para que se encaixem nas vagas. Com isso, você goza os benefícios da coerência, pois sua maneira de fazer as coisas é clara e de fácil compreensão. Contudo, infelizmente isso pode acabar com a diversidade. As pessoas podem resolver deixar a empresa por não se adaptarem à cultura ou, de maneira mais sutil, a cultura pode moldá-los até que você dilua a própria diversidade pela qual lutou arduamente.

Uma empresa britânica de equipamentos para escritório constatou que, embora seus produtos fossem confiáveis, não eram muito bonitos. Decidiu, então, injetar um pouco de "paixão e bom gosto latinos" no *design* dos produtos. Após custosa campanha de recrutamento e muita persuasão, a empresa contratou Alberto, de uma organização do sul da Itália, para trabalhar na equipe de *design* no sul da Inglaterra.

Alberto tinha muita paixão e bom gosto. Seu entusiasmo e suas novas ideias foram bem-vindos, mas os ingleses consideraram suas calorosas apresentações um tanto "exageradas". Os colegas realmente gostavam dele, por isso aconselharam-no com sinceridade: "Você verá que, se for mais calmo, vai se adaptar melhor", "Acho que você foi longe demais com aquilo. Não se exalte tanto". Alberto é deveras inteligente. Depois que sua primeira avaliação identificou "mais autocontrole" como virtude a ser desenvolvida, ele começou a adaptar seu comportamento a tais expectativas. Após alguns anos de treinamento e *feedback*, a diversidade que a empresa recrutara com tanto esforço havia sido moldada a ponto de Alberto se comportar como os ingleses à sua volta.

Neste capítulo, recomendarei algumas maneiras de equilibrar as necessidades de diversidade e inclusão ao requisito de uma cultura corporativa coerentemente compartilhada. Mostrarei, de forma específica, como equilibrar essas três pressões ao cultivar uma cultura comum que atrevesse fronteiras culturais e nacionais. Minha especialidade é a gestão da diversidade intercultural, e não tenho a pretensão de ser um especialista na gestão de outras formas de diversidade, mas antecipo que pelo menos alguns dos princípios podem se aplicar também a elas.

Compartilhe práticas, não valores

Com frequência as grandes empresas enfatizam o que chamam de "valores corporativos". Todavia, existem dificuldades em operar no patamar de valores verdadeiros:

- Valores se modificam muito devagar, isso quando se modificam. São os princípios que fundamentam conceitos de bom e ruim, certo e errado. As pessoas desenvolvem seus valores enquanto ainda são muito jovens, e a família e culturas nacionais exercem grande influência sobre elas.
- Valores corporativos são moldados pela personalidade dos fundadores, pela origem nacional e pela história específica da

empresa. Se você tentar exportar os valores que desenvolveu em sua cultura doméstica, se arriscará a alienar culturas que não se identifiquem com esses valores.

- Valores são pessoais. Nos negócios, raramente se pode saber com certeza se os outros compartilham de seus valores e atitudes; só é possível observar o que eles fazem.

Uma multinacional holandesa desenvolveu um conjunto de valores corporativos baseado em sua muito bem-sucedida operação nos Países Baixos. Dois dos princípios, com base nos valores holandeses de honestidade e franqueza, eram "comunicação clara e direta" e "desafie abertamente".

À medida que a empresa expandiu fazendo aquisições, a alta gerência se sentiu frustrada com o que parecia ser obliquidade e passividade por parte dos funcionários da Indonésia. Da mesma forma, os indonésios ficaram horrorizados com a aparente grosseria e falta de respeito por parte daqueles que vinham da matriz para Jacarta. Até mesmo gerentes novatos discutiam abertamente com os colegas veteranos nas reuniões. Apesar de a empresa holandesa ter comprado a empresa indonésia principalmente pela qualidade dos funcionários e pelo relacionamento destes na indústria, vários dos melhores empregados pediram demissão.

Se você especificar seus valores de forma muito clara, estes podem ser de difícil aplicação em culturas diferentes da sua. Por outro lado, se forem muito abstratos e puderem ser interpretados de maneiras completamente diferentes ao redor do mundo, podem perder o sentido. Se você insistir para que as pessoas compartilhem dos mesmos valores, poderá diluir ou afugentar a variedade e a diversidade que tanto luta para recrutar.

Para produzir inclusão e coerência sem "afugentar" a diversidade, é mais útil considerar o compartilhamento de práticas e procedimentos de trabalho em vez de valores. **As pessoas têm muito mais disposição para adotar práticas comuns que valores.**

No mundo todo existem práticas comuns e expressões culturais que aparentam ser comuns. Os mesmos produtos, música e moda jovem podem surgir em países de culturas tão diferentes quanto Japão e Estados Unidos. No entanto, isso não significa necessariamente que os valores subjacentes estejam se assemelhando. Valores resistem com tenacidade às mudanças.

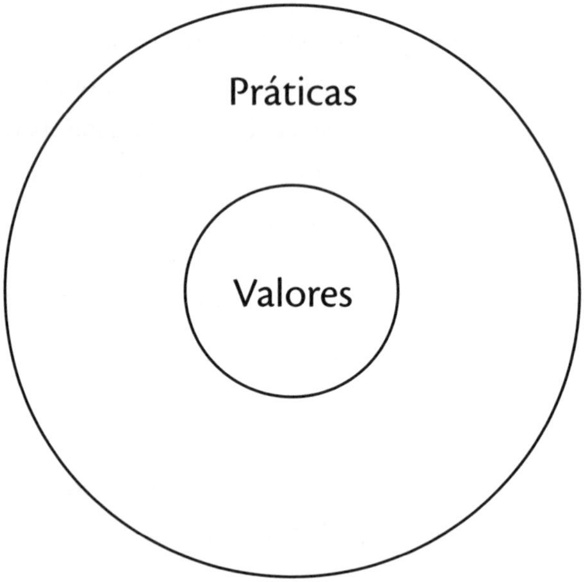

Pesquisamos mais de setenta exemplos do que as empresas chamam de "afirmações de valores" na internet. Os seis valores a seguir aparecem 50% do tempo:

Qualidade	90%
Integridade	72%
Foco nos clientes	68%
Recrutar os melhores funcionários e respeitá-los	62%
Trabalhar bem em equipes	52%
Criar inovações	52%

Com exceção da integridade, os outros itens são práticas, não valores. De qualquer forma, a princípio são difíceis de refutar, mas irrelevantes se não se tornarem comportamentos.

Uma subsidiária indiana de uma multinacional canadense levou seus valores muito a sério. Um dos valores fundamentais era "integridade". Um gerente indiano sentiu-se surpreso quando contestado sobre ter dado emprego a um dos parentes, que era adequadamente qualificado. Ele comentou: "Como uma pessoa pode ter integridade se não cuidar da própria família?".

Recomendo o compartilhamento de práticas que ajudem a acelerar equipes e organizações complexas. Ao compartilhá-las você aumenta o grau de coerência das equipes, preserva melhor a diversidade por não tentar mudar valores e, além do mais, um conjunto explícito de práticas aumenta a inclusão.

Diferenças culturais nacionais em ação

Há um bom número de pesquisas sobre o que estimula as diferenças culturais no trabalho, das quais a mais sistemática é a realizada (separadamente) por Geert Hofstede e Fons Trompenaars. Eles e outros pesquisadores identificaram diversas dimensões e diferenças entre valores, que sustentam vários comportamentos nos negócios.

No trabalho da Global Integration com gestores internacionais, concentramo-nos em cinco áreas que, de acordo com nossa experiência, têm o maior impacto prático no comportamento no trabalho. São elas:

- Preferência por fazer as coisas acontecerem por meio de regras e relacionamentos.
- Como as pessoas lidam com o *status*.
- Como as pessoas organizam o tempo.

- Importância relativa de indivíduos e grupos.
- Comunicação.

Existe, é claro, uma grande variedade dentro de uma cultura, por isso as observações a seguir são generalizações. Você encontrará exceções em todas as culturas, mas, na média, as preferências entre culturas nacionais são mensuravelmente diferentes.

Em nossos programas de treinamento multiculturais, sempre tomo o cuidado de não recomendar um estilo cultural como sendo correto ou superior aos outros. Culturas são diferentes, e o que você observa em outra cultura é tanto uma reflexão da sua própria cultura quanto da outra. Se você percebe outra cultura como excessivamente expressiva, é provável que você seja um reprimido! Qualquer estilo cultural traz consigo tanto benefícios quanto custos.

Às vezes encontro pessoas que se opõem à ideia de generalizar nesta área. Elas acreditam que, como todos possuímos individualidade, é um tanto discriminador categorizar as pessoas, seja lá como for. Concordo que devemos evitar estereotipar as pessoas, mas é evidente que, à luz de extensas pesquisas e experiências pessoais, podemos generalizar sobre culturas com parâmetros amplos. Algumas culturas (na média) expressam suas emoções de forma mais aberta, enquanto outras têm uma noção mais flexível de tempo. Isso não significa que tal deve ser o caso com todos os integrantes dessas culturas, mas apenas que há diferenças estatísticas mensuráveis entre as populações.

Se você é filosoficamente avesso a esse argumento, apesar das evidências, é provável que eu não consiga convencê-lo. Se não podemos generalizar devemos então tratar cada indivíduo como único e diferente. Assim, torna-se difícil dizer qualquer coisa sobre diversidade que faça sentido, exceto "todo mundo é diferente, seja legal e boa sorte".

Em cada uma dessas cinco áreas que causam maior impacto, identifico as diferenças essenciais e recomendo quais preferências e práticas devem levar a formas mais simples e rápidas de trabalho em equipes e organizações internacionais.

PREFERÊNCIA POR FAZER AS COISAS POR MEIO DE REGRAS OU RELACIONAMENTOS

Em algumas culturas, como nos Estados Unidos e na Alemanha, se alguém quer realizar algo, estabelece, de preferência, uma regra, um sistema ou um processo para fazê-lo. Culturas como essas utilizam nos negócios, de forma muito ampla, processos, documentos escritos, contratos e regras. Outras, confrontadas com exatamente os mesmos desafios, preferem abordá-los por meio de relacionamentos, redes sociais e das pessoas que conhecem. Isso é mais comum na maioria das culturas latinas, asiáticas e árabes.

O problema das culturas voltadas aos relacionamentos é que, no trabalho em equipes complexas e virtuais, o cultivo de relacionamentos é demorado. À medida que as organizações crescem, torna-se difícil cultivar e manter tantos relacionamentos. Se uma equipe ou organização possui um quadro de integrantes com tempo suficiente para se entrosar, um estilo focado em relacionamentos é excelente para a velocidade. No entanto, no caso de equipes que se formam constantemente, se desfazem e se formam outra vez, se for necessário a cada vez cultivar relacionamentos antes que os membros possam cooperar, talvez eles não consigam cooperar de forma rápida o bastante. Quando pessoas estão cooperando juntas em equipes virtuais de curta duração, talvez nunca venham a desenvolver relacionamentos estreitos, mas é possível que isso não tenha importância, desde que possam cooperar.

Regras demais podem causar burocracias e conformidade irrefletida, enquanto o excesso de dependência em relacionamentos pode levar ao nepotismo e a relutâncias no processo decisório. Se você quer velocidade, simplicidade e clareza, proporcionadas em um ambiente de trabalho inclusivo, acessado e compreendido igualmente por pessoas do mundo todo, então precisará de regras claras. A maioria das multinacionais demonstra certa preferência por trabalho baseado em regras em vez de baseado em relacionamentos.

Parece ser contraintuitivo que regras sejam mais inclusivas que relacionamentos. A palavra "relacionamentos" nos soa muito melhor aos ouvidos! No entanto, todos podem usufruir de regras com igualdade (desde que sejam claras e explícitas). Se você puder explicar a alguém como suas reuniões são conduzidas, qual é o código de vestimenta e como funciona a cultura, a pessoa poderá ser eficaz e se adaptar com muito mais rapidez. Esse estilo cultural aberto e explícito permitirá a você atrair pessoas de diversas culturas, colocando-as imediatamente para trabalhar.

Uma multinacional norte-americana recrutou, de fora da empresa, um novo diretor-geral francês para administrar a filial francesa, o qual logo trouxe consigo dois dos melhores amigos para gerir grandes departamentos da empresa. Um deles não parecia ser muito bem qualificado, mas era claramente um confidente muito chegado e aliado de longa data do novo diretor. O homem não foi recrutado por meio dos procedimentos oficiais, mas apenas apareceu um dia para trabalhar. Os três executivos se envolviam em todas as decisões importantes e não havia clareza quanto à forma como essas decisões eram tomadas – aparentemente muita coisa era decidida em almoços particulares.

O gerente de RH, que trabalhava na filial francesa, sentiu-se incomodado com o modo como os processos de recrutamento haviam sido contornados e com a influência que essa panelinha exercia sobre o estado de espírito da empresa. Quando foi discutir isso com o diretor, enfrentou uma reação furiosa – "Como ousa me dizer como devo administrar meu negócio!?" – e foi informado de que não era bem-vindo naquele escritório. O diretor-geral francês tinha a convicção de que seus fortes relacionamentos eram a chave para a gestão da operação.

Aparentemente, a matriz norte-americana não concordou com isso. No dia seguinte o diretor francês foi suspenso e saiu da empresa de imediato.

Se as pessoas precisam fazer parte de uma cultura local ou da panelinha que detém o poder para compreender as sutilezas de como as coisas realmente são feitas, fica difícil ter uma participação igualitária. Nesse tipo de cultura demora-se muito para ser eficaz, pois a eficácia emana dos relacionamentos. Torna-se difícil também gerir mudanças que ameacem tais relacionamentos.

Implícita na preferência por uma cultura mais explícita baseada em regras está a recomendação de utilizar, desde o início, um grupo diversificado de pessoas para estabelecer as regras. Do contrário, as regras podem refletir um ponto de vista meramente monocultural.

Não há lugar nenhum no mundo onde um bom relacionamento não ajude, e não estou defendendo uma cultura corporativa completa que dependa mecanicamente de regras e sistemas. No entanto, uma preferência relativa por regras acima de relacionamentos pode facilitar a cooperação de forma mais ágil, econômica e simplificada.

Entre as práticas que apoiam uma cultura mais explícita e baseada em regras estão as referidas no diagrama acima. No entanto, não vá tão longe a ponto de idolatrar a regra em detrimento do espírito no qual se baseia (veja o Capítulo 6). Há em sua equipe ou organização quaisquer barreiras a uma cultura regulamentar?

COMO AS PESSOAS LIDAM COM O *STATUS*

Em algumas culturas o *status* é definido pelo que a pessoa faz. O sucesso pessoal proporciona *status*, e a mutabilidade do *status* é relativamente alta, ou seja, pode-se ganhar ou perder *status* com grande facilidade. Nessas culturas as hierarquias tendem a ser mais horizontais (com menor número de níveis), e é mais fácil contestar abertamente um superior. Esse estilo cultural é mais comum na Austrália, na região nórdica da Europa e nos Países Baixos.

Outras culturas determinam o *status* pelo que uma pessoa é. Idade, família ou classe social podem definir o *status* de alguém, e há menos consideração por realizações pessoais. Nessas culturas a mutabilidade do *status* é menor, as hierarquias tendem a ser mais íngremes e o patrão é a figura poderosa mais difícil de contestar. Esse molde é mais evidente em culturas latinas e asiáticas.

Uma multinacional australiana adquiriu uma empresa italiana muito tradicional. O apelo da empresa, em parte, era seu fundador, que tinha ótimos contatos no mercado italiano e era essencial ao sucesso da operação. No entanto, ele estava acostumado a gerir sua empresa sem interferência. Era muito resistente a novas ideias vindas de fora e tinha a convicção de que a organização global poderia aprender mais com a Itália que o contrário.

Embora esse homem tenha sido essencial ao sucesso da empresa no passado, agora estava começando a atrapalhar o andamento das coisas. Ele é muito respeitado na Itália, mas a nova geração de gerentes está debandando à medida que a organização se afunda em práticas obsoletas de gestão e marketing.

Se você deseja criar uma cultura corporativa mais ágil, transparente e inclusiva, provavelmente sua melhor escolha será a meritocracia, que valoriza e recompensa a realização pessoal. Você precisará de mobilidade e da habilidade de confrontar e fazer mudanças mais que da estabilidade das hierarquias tradicionais.

Não se esqueça de que aqui me refiro a preferências relativas. Qualquer abordagem pode ser levada a extremos. O risco da meritocracia extremada é a redução do valor de uma pessoa à última avaliação. Sob constantes avaliações, os funcionários tornam-se inseguros, como se seus esforços anteriores não mais fossem reconhecidos. Todavia, as exigências da globalização compelem as empresas a adotar sistemas de *status* mais explicitamente baseados no mérito pessoal.

As práticas que apoiam esse tipo de cultura estão referidas no diagrama a seguir. Há em sua equipe ou organização quaisquer barreiras a essas práticas?

COMO AS PESSOAS ORGANIZAM O TEMPO

Em algumas culturas, como na Suíça, na Alemanha e nos Estados Unidos, o tempo é fixo e linear. É algo estreitamente organizado e controlado, e as pessoas prestam rigorosa atenção a prazos, tabelas de horário e planos. Em outras, como nas culturas latinas e árabes, o tempo é algo mais flexível. As prioridades mudam com regularidade, e a flexibilidade pode ser mais valorizada que a pontualidade.

O tempo é algo contextual nas culturas que o flexibilizam, e as pessoas reagem a prioridades em mutação, à importância dos relacionamentos e a outros desenvolvimentos. Para que essa visão de tempo dê certo globalmente, todos teriam de compartilhar tal compreensão do contexto.

Em grandes organizações complexas, isso é confuso e impreciso. É necessário um parâmetro objetivo para definir quando as coisas devem ser feitas, em especial quando atividades complexas em países diferentes tiverem de ser coordenadas ou forem interdependentes.

É mais fácil conseguir agilizar um prazo do que coordenar todos os detalhes e cronogramas do início ao fim. Na medida do possível, permita que cada cultura se organize da forma na qual funcione melhor – desde que conclua fases cruciais de acordo com o previsto pelos parceiros internacionais.

De tempos em tempos, algum grande evento esportivo, como os Jogos Olímpicos, é oferecido a um país que tenha visão flexível de tempo. Vamos usar como exemplo os Jogos Olímpicos de 2004, ocorridos na Grécia. Conforme os jogos se aproximavam, comentaristas de países de visão linear de tempo afirmavam que não seria possível terminar as instalações no prazo. A data de conclusão das obras havia sido bem definida: a cerimônia de abertura seria transmitida ao vivo, ao mundo todo, no dia 13 de agosto. Contudo, no final de julho, o estádio olímpico ainda não estava terminado. No entanto, logo antes do prazo, as instalações foram terminadas em uma súbita erupção de atividade, e os jogos foram um grande sucesso. Culturas lineares provavelmente teriam sido incapazes de concluir um projeto dessa magnitude em cima da hora, mas quando o prazo é importante as culturas flexíveis dão um jeito.

A maioria das multinacionais adota uma abordagem linear rígida, com prazos e compromissos que envolvem atividades coordenadas internacionalmente.

As práticas que sustentam uma abordagem linear de tempo rígida estão referidas no diagrama a seguir. Há em sua equipe ou organização quaisquer barreiras a essas práticas?

IMPORTÂNCIA RELATIVA DE INDIVÍDUOS E GRUPOS

Pelo mundo afora, as pessoas trabalham em grupos, que, por sua vez, são feitos de indivíduos, mas o foco por trás de uma cultura pode ser bem diferente.

Em culturas individualistas, como a britânica e a norte-americana, o indivíduo é rei. Objetivos pessoais e bonificações individuais por desempenho são comuns, e a mobilidade social tende a ser maior. Em culturas coletivistas, como a japonesa, o grupo é mais importante. Sucesso grupal, controle social e a manutenção da harmonia coletiva podem ser mais importantes que as necessidades dos indivíduos.

O modelo coletivo baseado em relacionamentos prolongados e normas grupais compartilhadas dificilmente é globalizável. Proporciona grandes benefícios em operações locais, mas é muito difícil aplicá-lo a equipes virtuais e projetos globais. O indivíduo é, em geral, a unidade básica irredutível das equipes virtuais. O grupo como um todo raramente é incluído.

Dave é um gestor de projetos norte-americano que depende de recursos fornecidos pelos colegas japoneses para completar um projeto global. A qualidade da produção japonesa é inconstante, e Dave enfrenta dificuldades em determinar o porquê. Ele foi informado por um colega de Tóquio de que a equipe local aparenta ter um problema de desempenho individual. No Japão esses problemas costumam ser resolvidos pelos próprios membros da equipe, e eles relutam em isolar ou culpar qualquer um dos membros de forma específica. Isso pode funcionar bem no Japão para a equipe como um todo, mas Dave precisa da ajuda de um membro incógnito dessa equipe. Ele precisa descobrir o quanto antes com quem precisa conversar, pois o prazo para a conclusão do projeto está próximo.

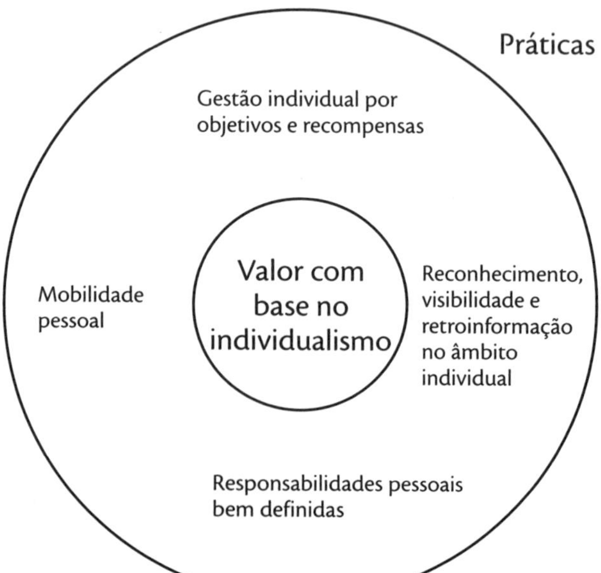

É mais fácil conectar uma variedade de indivíduos e fazê-los cooperar com o mundo todo que cultivar um espírito global de inclusão. No contexto de trabalho global, a maioria das corporações tende a se concentrar nos indivíduos.

As práticas que sustentam uma abordagem individualista estão referidas no diagrama da página anterior. Há em sua equipe ou organização quaisquer barreiras a essas práticas?

COMUNICAÇÃO

Comunicação é um assunto extenso por si mesmo, que exibe numerosas diferenças culturais. Para os fins deste capítulo, focalizarei apenas dois: idiomas e graus de franqueza.

Na seara dos idiomas, os resultados das pesquisas são claros: organizações que adotam um único idioma global comum têm desempenho superior àquelas que não o adotam. Não importa o idioma escolhido – o inglês é, hoje, o mais popular entre as grandes empresas multinacionais –, comprometa-se com ele e exija seu uso. Um idioma comum, em especial nos patamares da média e alta gerência, representa uma barreira comunicativa a menos.

Mesmo que as pessoas falem o mesmo idioma, ainda assim vivenciam diferenças culturais de comunicação verbal e não verbal. Uma diferença que afeta sobremaneira a cooperação global é o grau de franqueza. Em algumas culturas, como a australiana, a holandesa e a alemã, as pessoas costumam dizer exatamente o que pensam, valorizam a transparência e vão direto ao assunto. Em outras, como no Reino Unido e no Japão, valoriza-se a tergiversação: é uma questão de cortesia apenas insinuar o que se pretende dizer e não discordar abertamente. Uma pessoa educada se comunica pelas entrelinhas antes de ir ao assunto.

Um grupo multinacional britânico faz suas reuniões em inglês. Os representantes da matriz alemã deixam bem claras suas intenções e prioridades e, em geral, acham que os britânicos estão concordando com eles. Cada ideia apresentada é "interessante", mas apesar das palavras de apoio nada parece acontecer. Às vezes se percebe por uma sobrancelha erguida, ou em uma ironia sobre como os alemães "não se ligam", que algo está se perdendo na comunicação. Os alemães só percebem que os britânicos não concordaram com suas decisões ao constatar que não houve progresso após a reunião.

Os alemães ficam muito frustrados e sentem que não podem confiar na honestidade dos britânicos. Entretanto, os britânicos consideram os alemães um tanto grosseiros. Preferem discordar com sutilezas em vez de confrontá-los.

Em equipes globais, a comunicação indireta é muito confusa. Particularmente quando as pessoas falam uma segunda ou terceira língua, podem se equivocar sobre o que está sendo dito. Em geral, a comunicação em um bom "inglês internacional" é mais direta e explícita na busca por clareza e compreensão. Equipes e organizações globais bem-sucedidas comunicam-se de forma clara e relativamente direta.

As práticas que sustentam a comunicação de forma clara e direta estão referidas no diagrama a seguir. Há em sua equipe ou organização quaisquer barreiras a essas práticas?

O papel do treinamento intercultural

Mesmo que deliberadamente você procure projetar uma cultura comum voltada à velocidade, compreensão e habilidades interculturais exercem um papel importante:

- A compreensão das diferenças ajuda a minimizar os desentendimentos. Se você sabe que seu colega britânico não vai direto ao assunto por questões de polidez, e não porque tem intenção de enganá-lo, será mais fácil superar essa diferença.
- O respeito às diferenças pode ajudá-lo a aprender novas maneiras de trabalhar que podem ser úteis. Trabalhar com colegas de países com visão mais flexível de tempo, por exemplo, pode ajudá-lo a descobrir maneiras inovadoras de cumprir prazos importantes.
- Administrar as diferenças pode ajudá-lo a realizar projetos em diversos grupos e a trabalhar com culturas que você não possa influenciar. Você pode até estruturar uma cultura comum na organização, mas quando estiver vendendo para um cliente importante provavelmente terá de se adaptar à cultura dele para obter resultados.

Uma empresa asiática de aditivos químicos tentou, por anos a fio, cultivar relacionamentos com o principal cliente norte-americano em jogos de golfe e outros eventos corporativos. A empresa acreditava com fervor no poder de vender por intermédio de relacionamentos. Isso dava muito certo em seu mercado doméstico, mas os norte-americanos nunca davam as caras.

Explicamos que a empresa norte-americana tinha regras internas rígidas que proibiam aos funcionários aceitar presentes ou atos substanciais

Avalie sua equipe ou organização pelo perfil de práticas	SIM	NÃO
Baseadas em regras Vários grupos de funcionários desenvolvem processos explícitos Diretrizes claras para o trabalho conjunto em projetos e equipes Processos decisórios explícitos Regras ajudam na adaptação das pessoas; p. ex., códigos de vestimenta Padrões e expectativas publicamente divulgadas		
Baseadas em méritos pessoais Recrutamento e processo seletivo transparente e publicamente divulgado Processos de desenvolvimento e promoção claros e acessíveis a todos Sistemas objetivos de avaliação e retroinformação periódica de desempenho Processos justos de recolocação de funcionários que não tenham mais desempenho adequado		
Baseadas no tempo Processo claro e transparente para estabelecer prazos Clareza e responsabilidade no cumprimento de metas importantes Projetos e relatórios de progresso publicamente divulgados Comunicação proativa no caso de prazos ameaçados		
Baseadas no individualismo Gestão de indivíduos por objetivos e recompensas Reconhecimento, visibilidade e retroinformação no âmbito individual Responsabilidades pessoais claramente demarcadas Mobilidade pessoal		
Baseadas na franqueza Estilo direto e claro nas comunicações internas e externas Comunicação aberta e honesta na alta gerência Disposição em confrontar a falta de clareza Clareza nas decisões		

de hospitalidade dos fornecedores. A única opção para os asiáticos foi compatibilizar sua abordagem de vendas com os procedimentos de compra do cliente.

Projetar para a velocidade, a simplicidade e a inclusão

A preferência cultural por:

- Realizar por meio de regras e processos.
- *Status* baseado em mérito e mobilidade.
- Uma visão de tempo estrutural e linear.
- Focalizar o indivíduo.
- Comunicação clara e direta.

é mais comumente encontrada nos Estados Unidos, na Austrália e no noroeste da Europa. Esse perfil também se assemelha muito ao meu próprio padrão cultural (exceto na comunicação direta), o qual naturalmente me predisponho a preferir. Não é possível estar totalmente livre de parcialidade cultural nesse quesito, mas minhas observações se baseiam no que já presenciei de bem-sucedido de um grande número de equipes e organizações globais nos últimos vinte anos. Por boa parte desse tempo estive treinando equipes internacionais e implementando programas interculturais.

Sei bem que a recomendação cultural que acabei de fazer neste capítulo é potencialmente controversa. Pode ser algo politicamente incorreto em teoria, mas na prática parece funcionar.

Dois terços das empresas Fortune Global 500 são originários de países com perfil cultural semelhante ao que recomendo. Os Estados Unidos contribuem com 35% das Global 500, o noroeste e a região nórdica da Europa com mais 31% e a Europa latina (Espanha, Itália, Portugal e França) com apenas 10%. Tal discrepância não pode ser explicada apenas pelo tamanho das economias e populações desses países.

As culturas nacionais que produzem as empresas globais mais bem-sucedidas compartilham certas características que incentivam um estilo relativamente impessoal de trabalho. Isso facilita a implementação global de projetos e possibilita uma cooperação intercultural mais ágil.

Ao considerar os estilos de comunicação da internet, onde os sinais sociais e culturais não são muito evidentes e não há moderador externo para impor uma cultura, constata-se que a colaboração on-line tende a ser mais direta e menos hierárquica. Quando o único recurso de comunicação disponível é o texto, torna-se necessário ser mais explícito, por isso talvez esse estilo cultural que recomendo seja de mais fácil transmissão por meios tecnológicos.

Esse perfil global de atuação pode produzir benefícios importantes nas negociações com clientes e fornecedores globais de culturas semelhantes. Contudo, pode fazer com que empresas globais pareçam ser inflexíveis e impessoais em relação aos concorrentes locais. Na disputa por clientes no mercado doméstico e pelo melhor talento local, isso pode custar muito à empresa. Por isso recomendo que essas práticas culturais comuns às partes "localmente leais" de sua organização não sejam aplicadas.

A cultura mais bem-sucedida que não se assemelha ao nosso perfil cultural recomendado, mas que mesmo assim produz empresas globais, é o Japão (que representa 15% das empresas Fortune Global 500). A cultura japonesa é tradicionalmente mais coletiva, mais orientada aos relacionamentos, mais hierárquica e mais indireta. No entanto, as organizações japonesas que atuam fora do Japão se orientam rumo ao perfil que proponho. Inclinam-se a ser menos hierárquicas e a se basear mais em regras, com uma pitada adicional de individualismo e franqueza (embora isso demore para mudar em algumas organizações).

Nos estágios iniciais da globalização, muitas empresas japonesas tiveram dificuldade em atrair gestores ocidentais e confiar neles. Em casa, os japoneses estavam acostumados com redes duradouras de relacionamentos profundamente enraizados e passaram a ter dificuldade de confiar nos gestores estrangeiros, colegas de trabalho relativamente desconhecidos que se inclinavam a mudar de emprego por qualquer oferta que pagasse um pouco mais. Em consequência, relutaram em conceder autonomia concreta aos gestores estrangeiros, monitorando suas atividades com estruturas paralelas de gestão japonesa, as quais, no final das contas, decidiam tudo.

Gestores estrangeiros talentosos sentiram-se frustrados com a falta de responsabilidades concretas e perceberam que jamais chegariam ao topo dessas organizações. Logo a atração e a retenção de novos talentos tornaram-se algo difícil para tais empresas. Algumas aprenderam a confiar mais e a integrar seus gestores estrangeiros, enquanto outras sofrem até hoje com a falta de gestores estrangeiros qualificados.

Devo enfatizar que isso não significa que culturas que se assemelhem ao meu perfil possam apenas exportar todos os aspectos de seus procedimentos pelo mundo afora, sem quaisquer alterações. No contexto desse perfil, o objetivo é produzir um conjunto de práticas que sejam claras, simples e acessíveis a uma gama de culturas. Não estou recomendando nenhum "colonialismo Coca-Cola", mas o desenvolvimento de procedimentos transparentes e explícitos para a cooperação conjunta entre pessoas que trabalham em organizações complexas.

Há alguns anos, o departamento de RH de uma multinacional norte-americana me pediu para conversar com um de seus vice-presidentes regionais sobre a necessidade de treinamentos voltados ao trabalho intercultural. O homem era um expatriado norte-americano que gerenciava o setor de TI em Bruxelas.

Telefonei para o vice-presidente e expliquei que o RH me havia solicitado que o contatasse. Ele reagiu com surpresa: "Não faço a mínima ideia do porquê lhe pediram para me ligar. Não temos problemas em trabalhar com várias culturas. Já tivemos, mas nos últimos doze meses parece que conseguimos resolvê-los".

"Ótimo!", retruquei. "Gostaria de saber como você conseguiu essa façanha. Qual é o segredo?" Houve silêncio na linha por um instante. "Pensando bem, no momento todos os meus chefes de departamento são norte-americanos. Talvez seja bom conversarmos."

Aplicando este conceito aos três grupos

Os três grupos identificados nos capítulos anteriores – o grupo global, o segmento matricial intermediário e o localmente leal – tendem a apresentar perfis culturais distintos.

O GRUPO GLOBAL

O grupo global é pequeno e estreitamente interligado. Nesse nível de alta gerência na organização, encontramos pessoas poderosas, entre as quais o fator personalidade tende a se sobrepor à cultura nacional. Bem no topo as regras mudam. O grupo que mantém contato direto com a presidência quase sempre conclui que os relacionamentos e a hierarquia se tornam muito mais importantes do que costumavam ser em níveis inferiores da organização.

Senti-me surpreso ao ingressar no grupo da alta gerência. Até ali em minha carreira sempre foi claro e racional definir como o sucesso deveria ser, pois tinha a ver com resultados e objetivos concluídos. Essas coisas ainda importam, mas ainda mais importantes parecem ser os relacionamentos com o grupo-chave de pessoas que realmente administra o negócio.

Não se trata de um lugar politizado para trabalhar, mas é evidente que manter um número restrito de relacionamentos de confiança específicos é crucial para realizar o que quer que seja nesse ambiente. Também é interessante quão os diretores da alta gerência se parecem uns com os outros, principalmente aqueles que trabalham juntos há muito tempo. Eles têm *hobbies* parecidos, vestem-se do mesmo jeito e a maioria até tem a mesma altura!

No topo, uma diversidade de indivíduos e estilos ainda é necessária, mas é de esperar que em tal nível as pessoas adquiram uma cultura semelhante e um jeito comum de trabalhar juntas por todo o grupo. Por causa do contato abundante, elas acabam desenvolvendo valores muito semelhantes. Isso deve ser estimulado pela maximização do tempo de convivência entre os indivíduos desse patamar.

OS LOCALMENTE LEAIS

Aqueles que são leais ao âmbito local se misturam a outras culturas com menor frequência. De modo geral, nesse nível é possível se adaptar às diferenças culturais locais, o que lhe permitirá atrair talentos da região e servir com mais facilidade e discernimento aos mercados locais. A adoção de práticas globais ou regionais apenas complicará as coisas e provocará atrasos em áreas de pouca mescla entre culturas.

> "Nossa clientela exige flexibilidade e serviço personalizado. Eles veem contratos e acordos formais como desnecessários e até mesmo ofensivos. De qualquer modo, por aqui a burocracia jurídica local faz com que causas comerciais demorem até seis anos para ser julgadas. Mesmo assim, nossa matriz insiste que lavremos contratos detalhados antes de podermos iniciar qualquer relacionamento comercial. Sinceramente, apenas conferimos um *checklist* ao firmar nossos acordos, mas isso acaba obstruindo as vendas."
>
> GERENTE COMERCIAL,
> EMPRESA DE ASSISTÊNCIA MÉDICA, ÍNDIA.

Por causa da menor mobilidade dos localmente leais, em geral as culturas locais persistirão. É possível evitar muitas complicações culturais apenas optando pela execução de atividades no âmbito local.

Muitas organizações globais ainda decidem impor "valores corporativos" comuns aos localmente leais, objetivando fomentar uma identidade grupal. Isso pode ajudar a cultivar um sentimento de orgulho e identidade com a organização global. No entanto, devem-se manter os pés no chão antes de esperar que tais programas influenciem valores de forma significativa, em um ambiente de pouco contato além dos limites da cultura nativa.

O SEGMENTO MATRICIAL INTERMEDIÁRIO

O segmento intermediário do organograma é mais complicado. Aqui as pessoas cooperam com culturas distintas com mais frequência. Precisam da capacidade de compreender, respeitar e transpor diferenças culturais para que consigam trabalhar juntas.

No miolo matricial o desenvolvimento de formas explícitas de trabalho é de suma importância. As pessoas têm de atuar em equipes efêmeras que logo se dissolvem e se formam de novo. É necessário que a cultura corporativa seja clara, compreensível e de fácil acesso. É possível acelerar a formação de equipes regionais e virtuais ao estabelecer um conjunto de expectativas comuns sobre como o trabalho cooperativo deve ser conduzido.

> "Existem muitas diferenças culturais em nossa equipe, mas já me acostumei a isso. Temos alguns bons processos compartilhados. Todo mundo sabe como lançamos novos projetos e o que esperamos de nossas reuniões. Muita gente aqui já trabalhou nesse tipo de equipe antes, então, embora eu nunca tenha trabalhado pessoalmente com eles, parece que já temos muito em comum. Em minha cultura nativa não é normal dar muita atenção a prazos, mas com tanta gente diferente e tantas prioridades a coisa parece funcionar direito."
>
> GERENTE DE PROGRAMAS,
> ÁREA DE TELECOMUNICAÇÕES, EGITO.

Inclusão aqui significa ter um sistema de trabalho do qual todos podem participar com rapidez e igualdade de oportunidade. Os gerentes no miolo matricial da organização precisam ser treinados para reconciliar diferenças culturais. Devem ser incentivados a se misturar a outras culturas logo no início da carreira pelo rodízio de cargos e atuação em projetos. Desenvolva metodologias claras de trabalho para projetos, equipes e grupos para criar expectativas comuns sobre como se deve atuar nas operações.

Como isso vai aumentar a velocidade, a facilidade e a satisfação?

Um conjunto de práticas culturais pode acelerar a formação e a consolidação de equipes e organizações interculturais. Ao fazer com que as práticas sejam claras e explícitas, tornamo-nas igualmente abertas a todos. A igualdade de acesso é essencial à inclusão e ao empenho para atrair e reter os melhores talentos.

Ao trabalhar de modo flexível com práticas culturais, quando possível, você pode acelerar a produtividade local e aumentar a satisfação dos funcionários e clientes locais. Ao reduzir os mal-entendidos culturais, você pode diminuir os gastos gerados pela cooperação e fazer com que as pessoas possam trabalhar juntas com mais facilidade e satisfação.

Colocando este capítulo em prática na sua organização

Muitas pessoas não possuem a habilidade de remodelar sua cultura corporativa de forma abrangente. No entanto, existem coisas que todos podem fazer no âmbito de suas equipes e departamentos para cultivar uma cultura mais transparente e integrada.

1. **Discuta suas práticas.** Por todo o livro recomendei práticas de trabalho simples e claras para aplicação em reuniões, comunidades, controle, cooperação e comunicação. Use-as

como base para discussões com os membros de sua equipe sobre a melhor maneira de trabalhar em conjunto. Não tenha medo de evoluir quaisquer práticas que possam funcionar melhor em sua mescla específica de culturas, experiências e necessidades.

2. **Seja explícito**. Quanto mais diversificada for sua equipe, mais você precisará ser explícito no que diz respeito às suas práticas. Por exemplo, em uma equipe monocultural geralmente é desnecessário especificar um código de vestimenta. Contudo, em um grupo internacional, o que significa *smart casual*? Pode parecer loucura ou até mesmo ofensivo especificar como as pessoas devem se vestir, mas se elas não sabem o que você quer dizer com *smart casual* podem se sentir embaraçadas e constrangidas ao se vestirem de maneira errada.
3. **Prefira o perfil que funcione melhor**. Ao desenvolver práticas de trabalho, aprenda com as organizações bem-sucedidas e opte por práticas que se inclinem rumo a:
   - Realizar tarefas por meio de regras e processos.
   - *Status* baseado em mérito e mobilidade.
   - Uma visão de tempo estruturada e linear.
   - Foco no indivíduo.
   - Comunicação clara e direta.

   Utilize a ferramenta de traçar perfis para ver como sua organização se equipara.
4. **Induza as pessoas à sua cultura**. Uma discussão sobre as culturas corporativa e de equipe deve fazer parte de sua estratégia de persuasão. O desafio é ser claro e prático. Muitas induções culturais consistem na apresentação dos valores corporativos, e é normal que novos funcionários sejam céticos até que vejam esses valores sendo aplicados na prática. Em vez disso, mostre como decisões e atividades concretas na empresa são moldadas em práticas compartilhadas e em

formas de execução. Incentive discussões sérias e mostre "como fazemos as coisas por aqui". Você também pode encorajar parcerias entre funcionários novatos e veteranos da equipe, permitindo que atuem como "camaradas culturais", para que expliquem como as coisas funcionam.

Epílogo

Se tudo parece estar sob controle, você não está veloz como deveria

Os 4 Cs nos negócios apresenta um processo sistemático para acelerar sua organização, tornando a administração mais fácil e econômica e o ambiente mais satisfatório para trabalhar.

Velocidade é uma atitude; não significa ser superficial ou fútil. Se você pode fazer as coisas com rapidez, é bem provável que os processos funcionem bem e que os funcionários estejam alinhados e motivados. Velocidade também é um indicador de que outras coisas estão funcionando com eficácia nos bastidores. Sua atitude em relação à velocidade influencia tudo o que você faz.

Um de meus *hobbies* é correr em *rallies*. Fui treinado por um ex-campeão que me pressionou a melhorar minhas trocas de marcha em um centésimo de segundo. Quando eu disse que já estava fazendo isso o mais rápido que podia, ele me pressionou de novo: "Há mais de setecentas trocas de marcha em um *rally* típico; o montante de um centésimo de segundo por troca equivale a sete segundos, que é a diferença entre terminar em primeiro e terminar em terceiro!".

Compare isso a outro relato.

"Fui trabalhar para uma empresa nova na indústria automobilística e, para minha surpresa, notei que as pessoas retornavam com atraso para as sessões de introdução, que o intervalo para o almoço era mais longo que o habitual e que o dia terminava bastante cedo. Era um ambiente muito mais relaxado que o do meu emprego anterior.

No terceiro dia perguntaram ao diretor estratégico qual era o maior desafio encarado pela empresa. Ele respondeu: 'Os prazos para o lançamento de nossos produtos'.

Fiquei preocupado. Se não podemos dar um curso de introdução no horário, que chance temos de desenvolver produtos com rapidez?"

Acerte sua atitude e as práticas virão logo atrás.

Técnicas tradicionais de gestão levaram empresas complexas a um estilo operacional mais vagaroso, centralizado e amarrado. As maneiras mais simples de gerir pessoal, projetos e equipes propostas neste livro ajudarão você a:

- Acabar com o desperdício causado por formas desnecessárias de cooperação e comunicação.
- Distribuir o exercício de controle e cultivar as competências localizadas.
- Criar uma comunidade que apoie seus objetivos.

A alternativa é continuar usando técnicas tradicionais de gestão e esperar que, de algum modo, dessa vez os resultados sejam diferentes.

Recomendo que seu primeiro passo seja implementar as sugestões sobre grupos-estrela e equipes-novelo encontradas nos capítulos 1 e 2. Essa abordagem sobre cooperação é fundamental para simplificar a maneira de as pessoas trabalharem juntas em empresas complexas. A operação no modo equipe tende a estimular outros comportamentos durante reuniões e comunicações, dificilmente simplificáveis antes de simplificar a pedra fundamental, que é a cooperação.

É tentador aproveitar os benefícios de simplificar a cooperação, a comunicação e o controle – e parar por aí. A parte sobre comunidades é mais difícil de ser implementada, mas se você apenas simplificar os três primeiros elementos descobrirá que está minando sua comunidade. Grande parte do cultivo comunitário deriva acidentalmente de reuniões e teleconferências malconduzidas. Se você eliminá-las (e recomendo que o faça), torna-se necessário disponibilizar tempo adicional para o cultivo da comunidade e da ampliação das redes de contatos. Isso não tomará tanto tempo quanto seria perdido se as providências não fossem tomadas, mas mesmo assim é essencial.

Quando trabalhei na indústria, me foi inculcado que qualquer iniciativa de melhoria deveria começar com uma avaliação. Em nosso website você encontrará um breve "teste de velocidade" que poderá usar para quantificar as oportunidades de melhoria em sua organização. Quando utilizo essa ferramenta com meus clientes, o efeito mais comum é eles entrarem em ação instantaneamente, em decorrência do choque causado pelo confronto com o tamanho do problema. Lá você poderá ver como seus resultados se comparam a outros em nosso banco de dados de desempenho. Acesse a página www.speedleading.com/survey.html.

Quando você terminar esta leitura, começará a se esquecer das boas resoluções que tomou. É assim que o cérebro naturalmente funciona – apenas uma pequena parcela do aprendizado permanecerá em sua mente, a menos que você reforce o que aprendeu. Melhorias não têm nada a ver com quanto você sabe, mas com o que faz. Entre logo em ação com base no que aprendeu – após os primeiros resultados você se sentirá motivado a fazer mais.

As abordagens encontradas neste livro são fáceis e simples de implementar. Tente. Você pode esperar por:

- Resultados obtidos mais rapidamente.
- Operação mais fácil e econômica.
- Funcionários mais satisfeitos.

Por fim, se você já se considera suficientemente rápido, lembre-se de que a luta pela velocidade nunca termina. Nas palavras de Mario Andretti, um dos maiores pilotos do automobilismo de todos os tempos:

> "Se tudo parece estar sob controle, você não está veloz como deveria".

Boa sorte!

Este livro foi impresso pela
Paulus Gráfica em papel *offset* 75 g.